Manfred Kiesel

ZWISCHEN AUFGABEN

FÜR DEN KUNSTUNTERRICHT 9 / 10

Bildbeispiele

Arbeitsanregungen

Kopiervorlagen

Auer Verlag

Gedruckt auf umweltbewusst gefertigtem, chlorfrei gebleichtem
und alterungsbeständigem Papier.

1. Auflage 2012
Nach den seit 2006 amtlich gültigen Regelungen der Rechtschreibung
© Auer Verlag
AAP Lehrerfachverlage GmbH, Donauwörth
Satz: Fotosatz H. Buck, Kumhausen
Druck und Bindung: Kessler Druck + Medien GmbH, Bobingen
ISBN 978-3-403-06688-0

www.auer-verlag.de

Inhalt

Vorwort

Zwischenaufgaben können auf unterschiedlichste Arten eingesetzt werden:

- als zeitlicher Puffer für schnell arbeitende Schüler[1]
- als Ergänzungsaufgabe für motivierte Schüler für den Unterricht oder für zu Hause
- als Alternativaufgabe für stärkere, aber auch für schwächere Schüler
- als Möglichkeit einer vor- oder nachbereitenden Aufgabe oder Hausaufgabe
- als vorbereitende inhaltliche Aufgabe für die augenblickliche oder eine folgende Thematik
- zur praktischen Vorbereitung künftiger Bild- oder Gestaltungsaufgaben
- zur sukzessiven Gestaltung größerer bzw. zeitaufwendiger Arbeiten
- zur Herstellung von aufgabenübergreifenden Produkten, auch zu bestimmten Zwecken oder Anlässen (z.B. Weihnachts- oder Einladungskarten).

Zwischen- bzw. Differenzierungsaufgaben können unterschiedliche Grundkompetenzen fördern:

- fachliche Kompetenzen, indem sie bildnerische Problem- bzw. Aufgabenstellungen vertiefen und erweitern
- persönliche Kompetenzen, indem eigene Fähigkeiten und Interessen bei der Auswahl berücksichtigt und gefördert werden
- soziale Kompetenzen, indem die Schüler auch für Mitschüler grundlegende Arbeiten für künftige weiterführende Gestaltungen erledigen und Rücksicht auf das zur Verfügung stehende Material nehmen
- methodische Kompetenzen, indem die Schüler unterschiedliche Arbeitsanregungen auswählen, das Anspruchsniveau der Aufgabe einschätzen und in Beziehung zur eigenen Leistungsfähigkeit setzen können.

Manfred Kiesel

---

[1] Aufgrund der besseren Lesbarkeit ist in diesem Buch mit Schüler auch immer Schülerin gemeint, ebenso verhält es sich mit Lehrer und Lehrerin etc.

Zwischen-aufgaben

als

Differenzierungsaufgaben und Ergänzungsaufgaben

Sie sollten Ihren Schülern erläutern, wie lange und in welchen Phasen bildnerische Aktivitäten in der Regel ablaufen werden. Sie sollten auch möglichst von Anfang an die intendierte Funktion der Zwischenaufgaben für die Schüler transparent machen.

Zwischenaufgaben sollen weder privilegierend noch diskriminierend sein. Sie sollen altersgemäß sein und möglichst nicht anregender sein als die eigentliche Hauptaufgabe im Klassenverband.

Die noch an der ursprünglichen Problemstellung arbeitenden Schüler sollen möglichst nicht gestört werden, während die Zwischenaufgaben im Sinne der unterschiedlichen Kompetenzanbahnungen eine sinnvolle und ertragreiche Arbeit ermöglichen sollen.

Deshalb sollen die Aufgaben ...

- möglichst schnell und unkompliziert vermittelt werden können (siehe auch Arbeit an Stationen, Arbeiten an Lerntheken)
- möglichst flexibel im Umfang und in der Intensität der Aufgabenstellung und damit auch im erforderlichen Zeitaufwand (keine Ergänzungsaufgaben für Ergänzungsaufgaben!) einsetzbar sein
- auch einmal in unregelmäßigen Abständen über einen längeren Zeitraum als Ergänzungsaufgabe bearbeitet werden
- möglichst in Einzelarbeit, zum Teil aber auch in weiteren Sozialformen, wie Partnerarbeit oder Kleingruppenarbeit, durchgeführt werden können
- möglichst ohne Betreuung der Lehrkraft durchführbar sein, also eine gewisse Selbstständigkeit und Eigendisziplin der Schüler voraussetzen
- möglichst die in der Hauptaufgabe angestrebten Kompetenzen komplettieren, ergänzen, vertiefen, sichern, erweitern, ...

Neben inhaltlichen, thematischen oder motivischen Überlegungen spielen auch Materialien und Medien eine wichtige Rolle und erfordern geeignete Vorüberlegungen.

So können Sie zum Beispiel thematische Weiterführungen, thematische oder technische Variationen eines Motivs sowie andere ergänzende, vertiefende oder weiterführende Aspekte im Sinne von Zwischenaufgaben einsetzen.

Rasende Pferde

Material

✎ Kopiervorlage
✎ Holzfarbstifte, eventuell auch mit Wasser vermalbare Buntstifte oder Kreiden, farbige Filzstifte und Textmarker, Wasserfarben, Deckweiß und kleiner Borstenpinsel

Das Bild zeigt mehrere galoppierende Pferde in unterschiedlichen Größen und Bewegungen. Das Tempo der Pferde und das damit verbundene Aufwirbeln des Geländes sollen bei dieser Arbeit verdeutlicht und durch die Bearbeitung gesteigert werden. Dies kann auf unterschiedliche Weisen geschehen, z. B. durch Verwischungen bemalter Flächen, durch zusätzliche Bewegungslinien, durch kreisende Bewegungen des Staubaufwirbelns.
Die Kopiervorlage kann im DIN-A4-Format eingesetzt, aber auch auf DIN A3 vergrößert werden.

Verfahren / Technik

Stellenweises Be- bzw. Ausmalen der Tierkörper mit anschließenden Farbverwischungen bzw. Farbverziehungen und zusätzlichen Bewegungslinien in Form von Strichen und / oder kreis- bzw. spiralförmigen Bewegungen.

- Male zuerst die Tierkörper mit möglichst verschiedenen Farben an.
- Verwische dann die Farben jeweils von rechts nach links. Wasserlösliche Farben verwischst du mit einem kleinen Borstenpinsel und etwas Wasser, Pastellkreiden mit den Fingern.
- Male und zeichne zusätzlich Bewegungsstriche und kreisende Formen in den Bildgrund ein.
- Übermale zum Schluss die noch freien Flächen mit wässrigen Farben.

Manfred Kiesel: Zwischenaufgaben für den Kunstunterricht 9/10
© Auer Verlag – AAP Lehrerfachverlage GmbH, Donauwörth

Kopiervorlage ohne Reiter

Schülerarbeiten

Manfred Kiesel: Zwischenaufgaben für den Kunstunterricht 9/10
© Auer Verlag – AAP Lehrerfachverlage GmbH, Donauwörth

8

Manfred Kiesel: Zwischenaufgaben für den Kunstunterricht 9/10
© Auer Verlag – AAP Lehrerfachverlage GmbH, Donauwörth

Kopiervorlage mit Reitern

Arbeiter/-in vor einem Buntglasfenster

Material

✎ Kopiervorlage
✎ breiter schwarzer Filzstift
✎ Holzfarbstifte, eventuell auch farbige Filzstifte und Textmarker, Lineal

Das Bild zeigt eine Arbeiterin oder einen Arbeiter auf einem Baugerüst. Was man nicht sieht, ist, woran die Person arbeitet.

Es handelt sich hier um die Renovierung eines sehr großen Glasfensters, wie es zum Beispiel in Kirchen, in großen öffentlichen Gebäuden oder in anderen kunstvollen Prachtbauten anzutreffen ist.

Das Glasfenster ist aus verschiedenen Glasteilen zusammengesetzt und durch Stege getrennt.

Verfahren / Technik

Einzeichnen der Glasfensterteile mit schwarzem Stift. Ausmalen von selbst gewählten Teilflächen mit möglichst bunten Farbkombinationen.

- Zeichne zuerst mit schwarzem Filzstift deine Fenstereinteilung auf die Kopiervorlage. Das Glasfenster kann gerade, eckige, runde Flächen und eventuell auch Figuren aufweisen.
- Du kannst auch Teile des Baugerüstes für deine Fenstergestaltung nutzen.
- Gerade Linien kannst du mit Lineal einzeichnen, andere frei Hand oder mit einfachen Schablonen.
- Male dann die einzelnen Flächen mit deinen Farben bunt aus.

Manfred Kiesel: Zwischenaufgaben für den Kunstunterricht 9/10
© Auer Verlag – AAP Lehrerfachverlage GmbH, Donauwörth

Kopiervorlage

Ungewöhnliche Gartenplanung

Material

✎ Kopiervorlage
✎ Bleistift, Radiergummi, schwarzer Fineliner, eventuell auch Farbstifte
✎ Lineal oder Geodreieck, eventuell Einrichtungsschablone oder Garten- bzw. Einrichtungsmusterpläne

Es gibt sehr unterschiedliche Gartenplanungen. Die einen wollen es geradlinig, akkurat mit sauberen Kanten, die anderen eher verspielt mit runden, geschwungenen Formen, ohne jegliche Ecken.
Bei der vorliegenden besonderen Gartenplanung wurde das Porträt „Mona Lisa" von Leonardo da Vinci mit Bau- und Pflanzteilen umgesetzt (Kopiervorlage Werbeabbildung).
Die Flächenfüllungen bieten viele Gestaltungsanregungen.
Dieser ungewöhnliche Gartengrundriss kann Impulse für weitere fantasievolle Gartengestaltungen geben.

Verfahren / Technik

Ergänzen der Kopiervorlage. Entwerfen / Skizzieren eines figürlichen Motivs. Umsetzen des Motivs durch Einzeichnen von Wegen, Terrassen, Bepflanzungen, Gartenmöbeln und anderen Ausstattungsgegenständen zu einer ungewöhnlichen Gartenplanung.

• Überlege dir, welchen Garten du aus diesem Grundriss heraus entwickeln könntest.
• Schaue dir den vorliegenden Grundriss mit Gartenelementen und Einrichtungsbeispielen an und entwirf dann deinen eigenen Fantasiegarten, der eine Figur darstellen sollte.
• Die Kopiervorlage gibt dir Anregungen und Zeichenvorschläge
• Zeichne zunächst mit Bleistift, dann mit schwarzem Filzstift / Fineliner.
• Du kannst frei Hand und/oder mit Lineal zeichnen.

Manfred Kiesel: Zwischenaufgaben für den Kunstunterricht 9/10
© Auer Verlag – AAP Lehrerfachverlage GmbH, Donauwörth

Kopiervorlage Werbeabbildung

WOHNZIMMER

Schülerarbeit

Manfred Kiesel: Zwischenaufgaben für den Kunstunterricht 9/10
© Auer Verlag – AAP Lehrerfachverlage GmbH, Donauwörth

14

WOHNZIMMER

Kopiervorlage

Blattlandschaften zeichnerisch

Material

🖊 DIN-A4-Blatt weiß oder leicht getönt
🖊 schwarzer Filzstift / Fineliner, eventuell Bunt-stifte, Wasserfarben, kleiner Borstenpinsel, Flüssigkleber

Diese Aufgabe kann zeichnerisch, aber auch ma-lerisch gelöst werden.

Bei der zeichnerischen Variante erfolgt die Ergän-zung in Schwarz, Weiß und Grau. Hauptgestal-tungsmittel sind Linien, Striche und Schraffuren. Eventuell kann auf noch weiße Hintergrundflä-chen nach und nach etwas Flüssigkleber aufge-bracht und mit einer Fingerspitze verteilt und verwischt werden.

Anschließend wird das Bild mit verdünnter (schwarzer) Farbe vorsichtig überarbeitet (Ab-sprengtechnik).

Verfahren / Technik

Zeichnerisches Ergänzen der Kopiervorlage. Eventuell malerisches oder zeichnerisches Über-arbeiten der Zeichnung mit Grautönen und / oder Gestaltung einer Nebelszene mit Flüssigkleber und anschließender Übermalung dieser Flächen.

• Die Blätter sollen Bäume darstellen, die in einer Landschaft stehen.
• Zeichne die Landschaft dazu mit schwarzem Stift. Es kann sowohl eine Ebene als auch eine Hügel- oder Gebirgslandschaft sein.
• Gestalte deine Landschaft mit vielen Linien, Strichen und Schraffuren.
• Zum Schluss kannst du Teile der Landschaft mit gemalten Grautönen oder mithilfe der Absprengtechnik ausgestalten.

Manfred Kiesel: Zwischenaufgaben für den Kunstunterricht 9/10
© Auer Verlag – AAP Lehrerfachverlage GmbH, Donauwörth

Kopiervorlage

Blattlandschaften malerisch

Material

- DIN-A4-Blatt weiß oder Vergrößerung auf DIN-A3-Blatt
- Buntstifte, Wasserfarben, kleiner Borstenpinsel, eventuell Deckweiß und mit Wasser vermalbare Buntstifte oder Kreiden

Diese Aufgabe kann zeichnerisch, aber auch malerisch gelöst werden.

Bei der malerischen Variante erfolgt die Ergänzung vorwiegend durch Bemalung mit Pinsel und Wasserfarben. In diesem Falle sind auch mit Wasser vermalbare Stifte und Kreiden geeignet. Hauptgestaltungsmittel sind Farblinien, Farbstriche und Farbtupfer.

Eventuell kann auf noch weiße Hintergrundflächen nach und nach etwas Flüssigkleber aufgebracht und mit einer Fingerspitze verteilt und verwischt werden. Anschließend wird das Bild mit verdünnter Farbe vorsichtig überarbeitet (Absprengtechnik).

Verfahren / Technik

Malerisches Ergänzen der Kopiervorlage mit flüssigen Farben und Farbstiften. Eventuell mit Flüssigkleber die Landschaftsszene gestalten und anschließend mit wässriger Farbe übermalen.

- Die Blätter sollen Bäume darstellen, die in einer Landschaft stehen.
- Male mit einem dünnen Pinsel die Landschaft dazu. Du kannst Farblinien, Farbstriche und Farbtupfer einsetzen.
- Es kann eine ebene Landschaft, aber auch eine Hügel- oder Gebirgslandschaft sein.
- Die „Blattbäume" selbst kannst du durchscheinend übermalen.
- Zum Schluss kannst du Teile des Himmels mit verschiedenen Blautönen und/oder mithilfe der Absprengtechnik ausgestalten.

Manfred Kiesel: Zwischenaufgaben für den Kunstunterricht 9/10
© Auer Verlag – AAP Lehrerfachverlage GmbH, Donauwörth

Kopiervorlage

Hände
in verschiedenen
(Haut-)Farben

Material

✐ festes DIN-A4-Papier weiß oder DIN-A3-Mal-
  blockpapier
✐ Wasserfarben oder Flüssigfarben, Deckweiß,
  Borstenpinsel (6–10) abhängig vom Bild-
  format

Hände sind nicht nur ein höchst kompliziertes
und äußerst wichtiges Werkzeug für uns alle,
durch Hände erhalten wir auch viele wichtige
Informationen. So gibt uns die Größe Aufschluss
über das Alter, das Aussehen mit den Aspekten
Hautzustand, Pflege, Hautfarbe gibt uns Informationen über das Alter, die Herkunft, die Arbeit
oder über modische Erscheinungen.
Auch die Stellung der Hände und der Bezug
zu anderen Händen können uns wichtige Informationen liefern, zum Beispiel Freundschaft,
Abwehr, Vertrauen, Nachdenklichkeit, Koopera-
tionsfähigkeit.

Verfahren / Technik

Malerische Umsetzung der Kopiervorlage mit
verschiedenen Farben und Farbabstufungen.
Durchscheinendes und deckendes Malen mit
Farbmischungen, auch mit Weiß und Schwarz.

- Male die Kopiervorlage mit selbst gewählten Farben aus. Du kannst dich dabei an den
  hauptsächlich vorkommenden Farbtönen
  orientieren: Weiß, Schwarz, Braun, Rot, Rosa
  und Gelb.
- Du kannst stellenweise eher durchscheinend,
  aber auch eher deckend malen.
- Verwende für eine Hautfarbe unterschiedliche
  Farbabstufungen und Farbhelligkeiten.
- Die Handzwischenräume kannst du ein- oder
  mehrfarbig ausmalen, aber besonders bei
  DIN-A3-Format auch mit Bildteilen collagieren.

Manfred Kiesel: Zwischenaufgaben für den Kunstunterricht 9/10
© Auer Verlag – AAP Lehrerfachverlage GmbH, Donauwörth

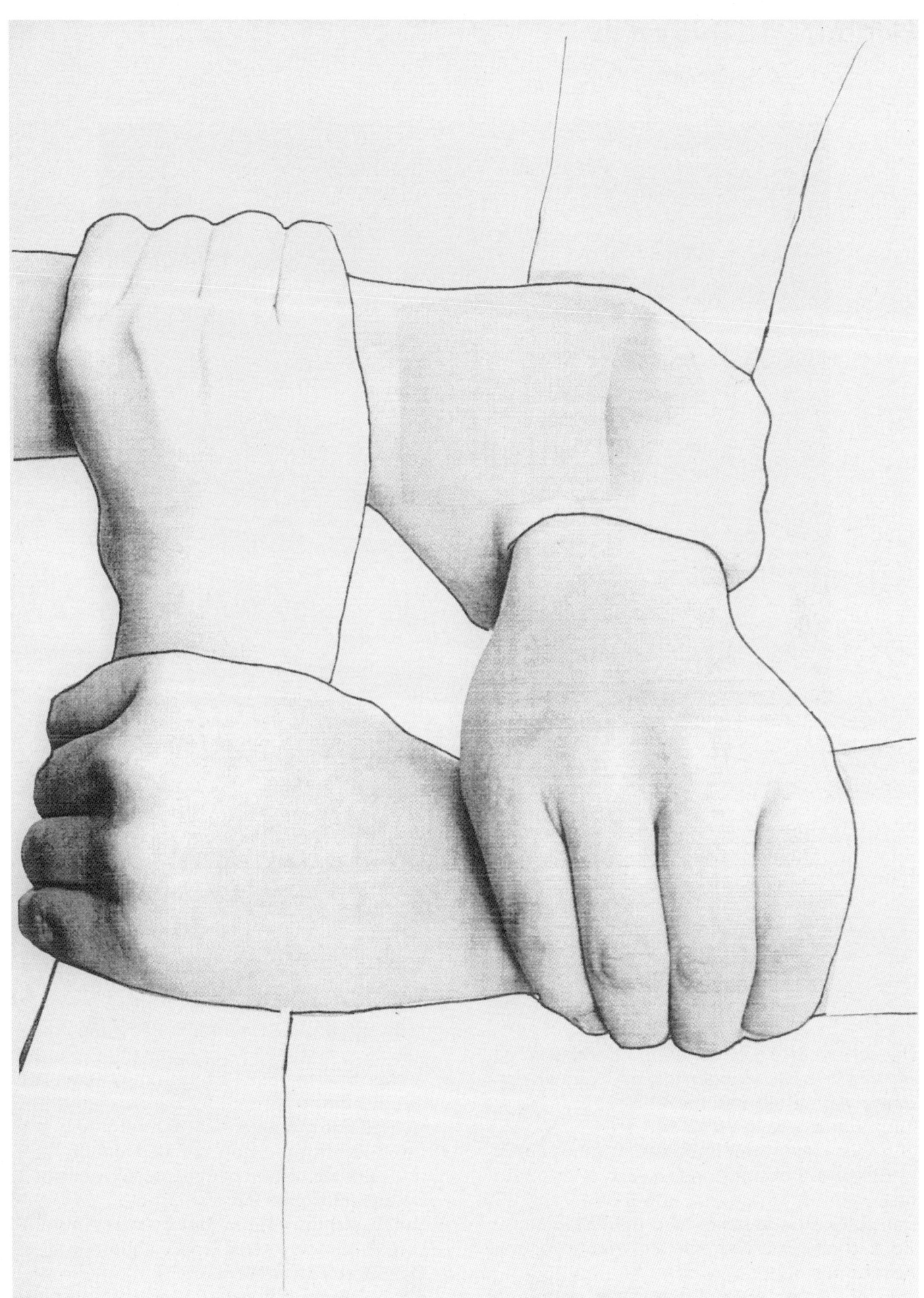

Kopiervorlage

Lichteffekte mit Weiß

Schülerarbeit nach Gaspare Traversi: „Die schlafende Schöne"

Material

✎ DIN-A4-Blatt (Schreibmaschinenblätter in möglichst dunkleren Farben, z. B. Blau, Braun, Grün, Rot), Bildvorlage

✎ weißer Holzfarbstift, eventuell mit Wasser vermalbar (Aquarellstift)

Diese Aufgabe kann mit historischen aber auch mit modernen Abbildungen durchgeführt werden.

Die zeichnerische Arbeit erinnert etwas an altmeisterliche Zeichnungen, die mit braunen oder schwarzen Stiften und mit weißem Stift ausgeführt wurden.

In diesem Fall ist der Bildgrund farbiges Papier, die Bildszene erscheint in Schwarz- und Grautönen.

Die weißen Lichteffekte, also die hellen Stellen der Bildszene werden mit weißem Stift überarbeitet.

Die Lichtflächen erkennt man daran, dass in der Bildszene keine Grau- oder Schwarzflächen erkennbar sind.

Verfahren / Technik

Zeichnerisches Ergänzen der Kopiervorlage mit einem weißen Stift.

- Kopiere eine Bildvorlage auf ein farbiges Schreibmaschinenpapier.
- Du kannst auf der Kopie die Papierfarbe sowie Schwarz- und Grautöne der Bildszene erkennen.
- An den Stellen der Bildszene, die nur die Blattfarbe erkennen lassen, kannst du die weißen Lichteffekte einsetzen.
- Zeichne entsprechend der Bildvorlage nach und nach kleine und gegebenenfalls auch größere Weißflächen ein.
- Durch starkes oder weniger starkes Aufdrücken kannst du intensive oder abgeschwächte Weißeffekte herstellen.
- Bei größeren Flächen schraffiere sorgfältig und schaffe sanfte Übergänge zu den grauen Bildstellen.

Manfred Kiesel: Zwischenaufgaben für den Kunstunterricht 9/10
© Auer Verlag – AAP Lehrerfachverlage GmbH, Donauwörth

Kopiervorlage nach Gaspare Traversi: „Die schlafende Schöne"

Schülerarbeiten, unten nach Gaspare Traversi: „Streit zwischen Kartenspielern"

Manfred Kiesel: Zwischenaufgaben für den Kunstunterricht 9/10
© Auer Verlag – AAP Lehrerfachverlage GmbH, Donauwörth

Kopiervorlage

Einlinienzeichnung ergänzen

Material

✎ Kopiervorlage
✎ DIN-A4-Blatt weiß oder leicht getönt
✎ schwarzer Filzstift / Fineliner

Auf der Zeichnung sind einzelne Bildteile erkennbar. Das Besondere dieser Zeichnung liegt darin, dass diese Bildteile aus nur einer Linie heraus entstanden sind.
Solche Zeichnungen nennt man Einlinienzeichnungen oder auch Einzüger.
Die Schüler können, falls sie noch nie Einlinienzeichnungen hergestellt haben, auf einem Extrablatt beginnen und Zeichnungen erproben. Sie können auch zunächst die eigene Hand auflegen und sie umfahren oder auf einer Bildvorlage (z. B. Zeitung) mit Menschen, Gesichtern und Gegenständen Einzüger erproben.

Verfahren / Technik

Zeichnerisches Ergänzen der Kopiervorlage. Einzelne Motive sollen möglichst aus einer Linie heraus entstehen.

- Schau dir die Zeichnung genau an und verfolge die Linienführungen. Welche Bildteile sind aus nur einer Linie gestaltet?
- Erprobe auf einem Extrablatt, wie du Motive, wie z. B. eine Hand, ein Gesicht, einen Menschen oder auch Gegenstände und Pflanzen, aus nur einer Linie zeichnen könntest.
- Ergänze dann die Kopiervorlage mit Dingen, die du aus einer Linie zeichnen kannst. Die Größenverhältnisse spielen keine Rolle.
- Einige durch Linienüberschneidungen entstandene Flächen kannst du schwarz ausmalen.

Manfred Kiesel: Zwischenaufgaben für den Kunstunterricht 9/10
© Auer Verlag – AAP Lehrerfachverlage GmbH, Donauwörth

Kopiervorlage

Stimmungsbild am Meer

Material

- Kopiervorlage DIN A4 oder vergrößert auf DIN A3
- Wasserfarben oder Flüssigfarben, Borstenpinsel (6–10), Deckweiß, Stifte, Buntstifte sowie eventuell Bildteile und Klebstoff

Das Bild zeigt auf der linken Seite drei Männer am Strand, die auf etwas im oder auf dem Meer beziehungsweise auf den Himmel blicken.
Nicht nur die Profilwendung, sondern auch eine zeigende Geste weist auf etwas Geschehenes hin.
Was die Aufmerksamkeit der Drei erregt, wissen wir nicht, aber es könnte ein gestrandetes Schiff, ein gestrandeter Wal, eine Superluxusjacht, ein toller Sonnenuntergang, ein Meeresungeheuer oder eine Meerjungfrau sein.
Die Schüler ergänzen das Bild nach ihren Vorstellungen jedoch mit einer besonderen Farbstimmung.

Verfahren / Technik

Weitgehend malerische Umsetzung eines stimmungsvollen Meeresausblicks. Es sind aber auch zeichnerische Elemente sowie der Einsatz ausgeschnittener Bildteile möglich.

- Überlege dir, was auf oder in dem Meer oder in der Luft zu sehen sein könnte.
- Du kannst die gewählte Erscheinung malen, aber auch zeichnen oder ein ausgeschnittenes Bildteil aufkleben.
- Male dann das gesamte Bild mit deinen Farben aus. Malen heißt auch Tupfen, Stricheln, Farben verlaufen lassen und Farben mischen.
- Das Bild sollte eine besondere Farbstimmung aufweisen, zum Beispiel trübe und düstere, fröhlich bunte, romantische, aggressive oder knallige Farbstimmung.

Manfred Kiesel: Zwischenaufgaben für den Kunstunterricht 9/10
© Auer Verlag – AAP Lehrerfachverlage GmbH, Donauwörth

Kopiervorlage

Mit dem Korrekturstift gezeichnet

Beispiel aus der Werbung

Material

✎ weißer Korrekturstift
✎ Bildgrundlagen in möglichst dunklen Farben bzw. weitgehend dunklen Flächen, evtl. Bleistift zum Skizzieren
✎ Abbildungen aus Illustrierten, Prospekten, Kalendern usw. ca. DIN A5 / DIN A4 oder Kopiervorlage

Die Überarbeitung einer schwarz-weißen oder farbigen Bildvorlage mit weißen Linien oder einer Zeichnung mit weißem Stift wird in den Medien hauptsächlich eingesetzt, um etwas Fiktives zu visualisieren, um eine Vorstellung von dem Gemeinten zu schaffen.
Auch die Werbung bedient sich dieser Visualisierungsart, indem sie zum Beispiel ihr Produkt, nur in weißen Linien dargestellt, auf einen entsprechenden Bildgrund projiziert.

Verfahren / Technik

Zeichnerisches Ergänzen einer Bildvorlage mit einem weißen Korrekturstift.

• Wähle eine farbige Bildvorlage oder eine Kopiervorlage aus. Du kannst auch auf dunkelfarbiges Papier kopieren.
• Überlege dir, was du in die Bildvorlage hineinzeichnen könntest. Willst du etwas verdeutlichen, willst du zeigen „was wäre, wenn" oder willst du eine witzige Situation herstellen?
• Überlege dir, welche einfachen, aber deutlichen Umrisszeichnungen eingesetzt werden sollen.
• Verwende nur Linien, also keine Flächen und auch keine Schraffuren.

Manfred Kiesel: Zwischenaufgaben für den Kunstunterricht 9/10
© Auer Verlag – AAP Lehrerfachverlage GmbH, Donauwörth

Kopiervorlage

Prospektabbildungen kombiniert

Material

✐ mehrere gleiche Prospekte mit farbigen oder schwarz-weißen Abbildungen
✐ DIN-A4-Blatt oder Bild als Gestaltungsgrundlage
✐ Schere, Klebstoff, eventuell Cutter und Lineal

Bei dieser Aufgabe geht es zunächst um genaues Aus- und Zuschneiden von Figuren und / oder Formen mit Schere und / oder Cutter. Anschließend sollen diese ausgeschnittenen Teile neu zusammengesetzt oder in einer bestimmten Wirkung oder Aussage kombiniert werden. Dabei sind motivabhängig vielerlei Anordnungs- und Gruppierungsformen möglich.

Verfahren / Technik

Kombinieren von ausgeschnittenen Figuren oder Formen zu einer neuen Bildkonstellation.

- Für diese Arbeit benötigst du mehrere gleiche Prospekte.
- Schneide die Bildteile möglichst genau aus.
- Ordne die ausgeschnittenen Teile probeweise an, z. B. bestimmte Ordnungs- und Gruppierungsformen, teilweise Überschneidungen, Verdeckungen, Drehungen usw.
- Wähle einen entsprechenden Bildgrund aus und klebe die Figuren nach und nach in einer bestimmten Wirkungsabsicht auf.

Manfred Kiesel: Zwischenaufgaben für den Kunstunterricht 9/10
© Auer Verlag – AAP Lehrerfachverlage GmbH, Donauwörth

Schülerarbeit

Pyramidenlandschaft collagiert

Material

✎ DIN-A4-Blätter weiß und getönt, Farbpapier-reste
✎ Schere und / oder Cutter, Klebstoff

Die Aufgabe Pyramidenlandschaften herzustellen, kann zeichnerisch, aber auch durch Collagieren bzw. Montieren von zugeschnittenen Papierteilen gelöst werden.

Bei der Farbpapiermontage, also der Klebevariante werden zunächst aus Farbpapierresten Dreiecke ausgeschnitten.

Es gibt im Wesentlichen zwei Dreiecksformen: Die eher gleichseitige und die eher spitzwinklige Dreiecksform.

Die Klebearbeit beginnt in der Regel am oberen linken Bildrand mit einem gleichseitigen Dreieck. An dieses Dreieck wird rechts ein spitzwinkliges Dreieck angesetzt.

Dieses Vorgehen wird in ähnlicher Weise zunächst nach rechts und anschließend nach unten weiter fortgesetzt.

Überstehende Pyramidenteile werden mit der Schere abgeschnitten.

Verfahren / Technik

Ausgeschnittene farbige Dreiecke werden zu pyramidenförmigen Gebilden zusammengesetzt und bilden eine Pyramidenlandschaft.

- Sammle möglichst verschiedene Farbpapierreste und schneide sie zu spitzwinkligen und in etwa gleichseitigen Dreiecken zu.
- Die Dreiecke sollen eine Höhe von circa 10 cm aufweisen. Rund 12–14 gleichseitige und 12–14 spitzwinklige Dreiecke dürften genügen.
- Beginne mit dem Aufkleben am linken oberen Bildrand mit einem gleichseitigen Dreieck. Rechts daneben wird ein spitzwinkliges Dreieck angesetzt. Die erste Pyramide ist fertig.
- Diesen Vorgang kannst du ständig wiederholen. Zunächst von links nach rechts und anschließend eine Reihe tiefer.
- Achte auf eine ansprechende Verteilung der Pyramidenfarben. Gleiche Farben sollten möglichst nicht unmittelbar nebeneinanderliegen.
- Überstehende Papierteile schneidest du mit der Schere ab.

Manfred Kiesel: Zwischenaufgaben für den Kunstunterricht 9/10
© Auer Verlag – AAP Lehrerfachverlage GmbH, Donauwörth

Schülerarbeiten

Pyramidenlandschaft gezeichnet

Material

🖊 DIN-A4-Blatt weiß oder getönt
🖊 dicke Buntstifte, Filzstifte oder auch Wasserfarben und kleiner Borstenpinsel

Bei der zeichnerischen Variante der Pyramidenlandschaft sollte in der Regel von links unten begonnen werden.
Ausgangspunkt ist ein gezeichnetes, etwa gleichseitiges Dreieck. Rechts davon wird ein spitzwinkliges Dreieck angesetzt. Die erste Pyramide ist gezeichnet. Dieser Vorgang wird nach rechts wiederholt, bis der Bildrand erreicht ist. Man kann auch unten rechts beginnen und die Pyramiden nach links entwickeln.
Über der ersten Pyramidenreihe erhebt sich eine zweite Reihe, die nicht größer beziehungsweise höher werden sollte als die untere Reihe.
Über der zweiten Pyramidenreihe hat eventuell noch eine dritte oder vierte Pyramidenreihe Platz.
Eventuell können einzelne Flächen, aber auch das gesamte Bild farbig ausgestaltet werden.

Verfahren / Technik

Dreiecksformen werden zu pyramidenförmigen Gebilden zusammengesetzt und bilden durch vielfältige Anhäufungen und Verdeckungen eine Pyramidenlandschaft.

- Zeichne am linken unteren Bildrand zunächst ein gleichseitiges Dreieck und füge auf der rechten Seite ein spitzwinkliges Dreieck an. Die erste Pyramide ist fertig.
- Du kannst auch rechts unten beginnen und die spitzwinkligen Dreiecke links ansetzen.
- Diesen Zeichenvorgang kannst du ständig wiederholen. Zunächst von links nach rechts bzw. rechts nach links und anschließend eine Reihe höher.
- Zeichne auch ein- oder mehrmals etwas größere und etwas kleinere Pyramiden, das macht die Pyramidenlandschaft abwechslungsreicher.
- Ist das Blatt fast vollständig mit Pyramiden ausgefüllt, kannst du einzelne Teilflächen, aber auch alle Teilflächen farbig ausgestalten.

Manfred Kiesel: Zwischenaufgaben für den Kunstunterricht 9/10
© Auer Verlag – AAP Lehrerfachverlage GmbH, Donauwörth

Schülerarbeiten

Manfred Kiesel: Zwischenaufgaben für den Kunstunterricht 9/10
© Auer Verlag – AAP Lehrerfachverlage GmbH, Donauwörth

Mit Kästchenraster
Motive entwickeln

Material

✎ Kopiervorlage Kästchen
✎ Bleistift, Radiergummi, schwarzer Fineliner /
  Filzstift, eventuell auch Farbstifte
✎ Lineal oder Geodreieck

In Zeiten von computergesteuerten Rasterflächenbildern und teilweise gerasterten Bildern liegt es nahe, einfache Motive und Zeichen mithilfe von Kästchen zu entwickeln.
Für diese Aufgabe sind Kästen mit quadratischen Kästchenrasterflächen vorgegeben.
Die Motive können frei gewählt werden, man kann auch einzelne Motive vorgeben, wie zum Beispiel Zahlen, Buchstaben, Zeichen wie Sprech- und Denkblasen, Kreuze, Silhouetten von Personen und Objekten.
Die Erprobung erfolgt mit Bleistift, endgültige Fassungen mit Filzstift.
Gegebenenfalls können auch kleine Binnenflächen farbig ausgestaltet werden.

Verfahren / Technik

Entwerfen, Skizzieren und korrekte Ausführung von Bildzeichen mithilfe eines quadratischen Kästchenrasters.

• Überlege dir, welche Zeichen und Motive du in einem Kästchenraster entwickeln könntest.
• Du kannst dir auch Anregungen in Umwelt und Medien (Internet, Zeitungen, Zeitschriften, Prospekte usw.) holen.
• Entwirf dann deine eigenen Motive zunächst mit Bleistift und orientiere dich an den Kästchen.
• Die Kästchen können längs, quer und auch diagonal geteilt werden.
• Hast du die endgültigen Formen gefunden, umfahre sie mit Lineal und Filzstift. Weitgehend handelt es sich um Umrisse, es können aber auch Binnenflächen ausgestaltet werden.
• Du kannst kleine Flächen auch mit Farbstiften ausmalen.

Manfred Kiesel: Zwischenaufgaben für den Kunstunterricht 9/10
© Auer Verlag – AAP Lehrerfachverlage GmbH, Donauwörth

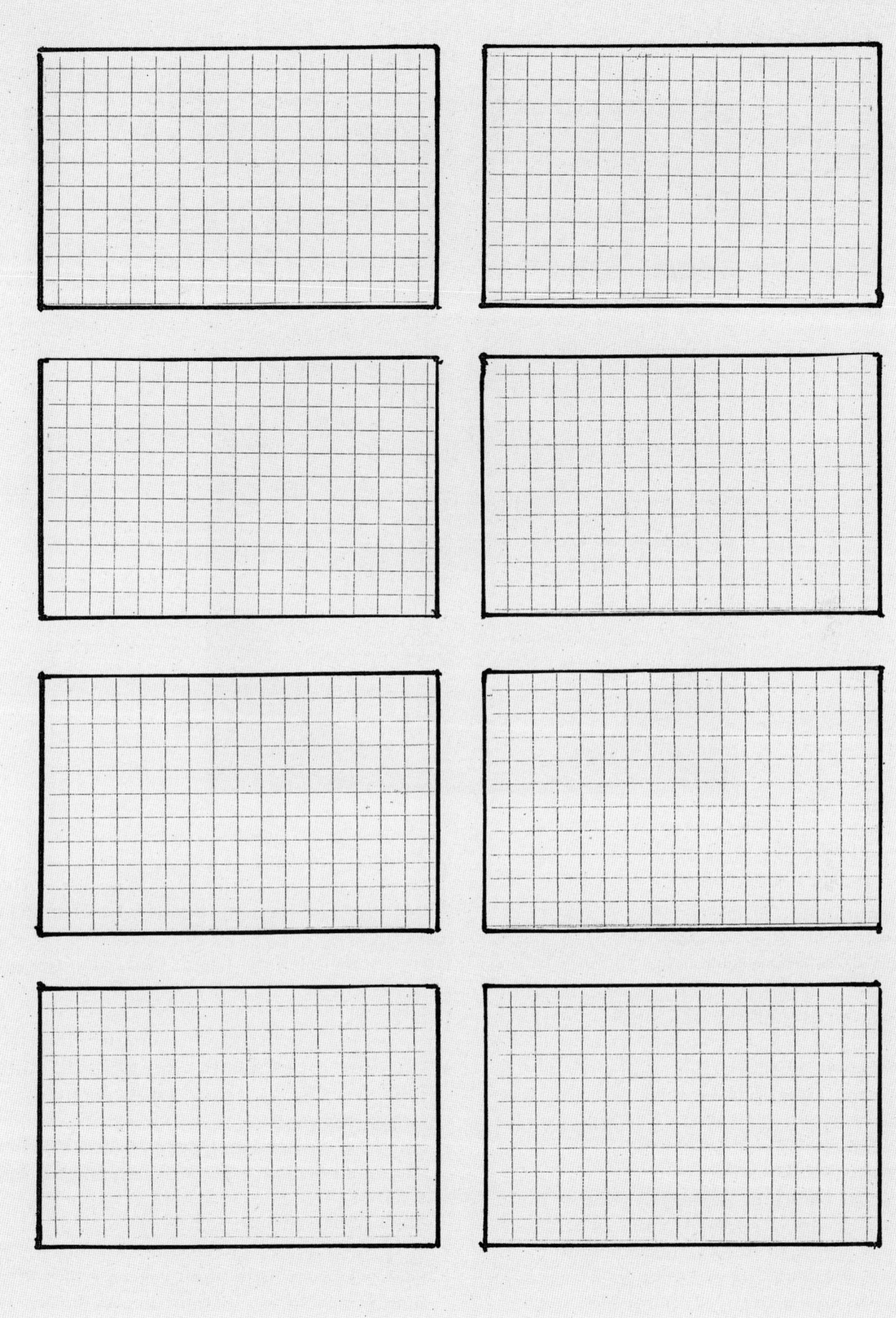

Kopiervorlage

Was ist im und um das Aquarium los?

Material

- Kopiervorlage
- Bleistift, Holzfarbstifte oder Filzstifte
- alternativ kleine Bilder oder Bildausschnitte (Prospekte, Illustrierte usw.), Schere, Klebstoff
- Wasserfarben und Borstenpinsel

Das Bild zeigt ein nahezu kreisrundes Glas. Es könnte eine Vase, aber auch ein Miniaquarium sein. Die Wasserspuren weisen darauf hin, dass im und um das Glas so einiges los sein könnte, einiges passiert sein könnte.
In dem Glas kann so einiges drin sein.
Vielleicht schwimmt es, vielleicht ist es herausgesprungen, vielleicht ist es untergegangen.
Man kann die Ideen durch Zeichnen, Malen oder Collagieren visualisieren. Es kann eine witzige, aber auch eine nachdenkliche Situation entstehen. Man kann auch die Umgebung des Glases in die Gestaltung einbeziehen.

Verfahren / Technik

Zeichnen oder Kleben von Bildern in und um das Glas.
Eventuell Bemalen des Glases und / oder der Umgebung.

- Für diese Arbeit kannst du Farbstifte, ausgeschnittene Bildteile und später auch Wasserfarben verwenden.
- Überlege dir eine Figur, die im Glas schwimmt, gerade untergeht oder aus dem Glas springt. Vielleicht schwimmt auch etwas kopfüber auf der Wasseroberfläche.
- Du kannst auch eine Situation in und um das Glas zeichnen oder den Glasumriss als Schablone zum Ausschneiden von Bildteilen benutzen.
- Größere Freiflächen malst du mit Wasserfarben durchscheinend oder stellenweise auch deckend an.

Manfred Kiesel: Zwischenaufgaben für den Kunstunterricht 9/10
© Auer Verlag – AAP Lehrerfachverlage GmbH, Donauwörth

Kopiervorlage

Schwarz-Weiß-
Bildkombinationen

 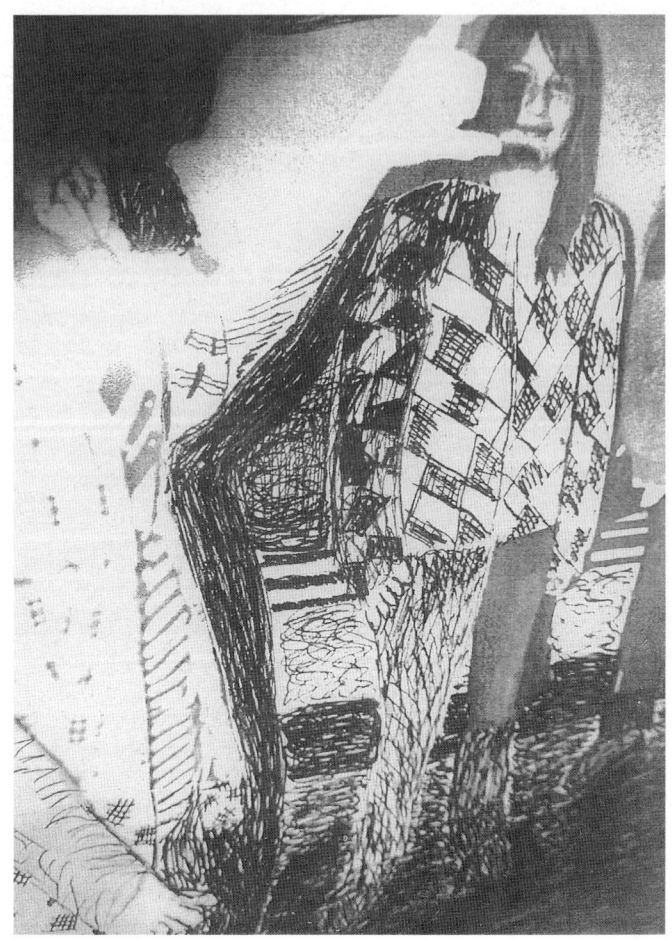

Material

✎ Kopiervorlagen, z. B. eigene Fotos, Ausschnitte aus Zeitungen und Illustrierten, Schreibmaschinenpapier weiß, Schere, Klebstoff / Klebestift

✎ schwarzer Fineliner, Filzstift oder Kugelschreiber

Ausgangspunkt ist ein selbst gewähltes Foto, das stellenweise verändert werden kann.

Dieses Foto wird schwarz-weiß auf DIN-A4-, minimal auf DIN-A5-Format kopiert.

Aus diesem Foto wird eine Figur oder Form herausgeschnitten und das Restfoto auf weißes Papier geklebt.

Die ausgeschnittene Fläche wird nun zeichnerisch ergänzt, wobei das ausgeschnittene Teil als Zeichenvorlage genutzt werden kann.

Die Kombination von Foto und Zeichnung birgt einen eigenen Reiz.

Verfahren / Technik

Aus einem kopierten Foto wird eine Teilfläche ausgeschnitten und diese Teilfläche anschließend zeichnerisch ergänzt bzw. wiederhergestellt.

- Suche dir ein Foto aus, vergrößere es durch Kopieren auf DIN A4 oder DIN A5 oder nutze andere Vorlagen.
- Überlege dir, welchen Teil des Fotos (z. B. eine Figur, ein Teil des Hintergrunds, ein größerer Gegenstand) du ausschneiden und zeichnerisch ergänzen möchtest.
- Schneide die Form aus und klebe das Restfoto auf weißes Papier.
- Ergänze nun die Leerstelle mit deiner Zeichnung.
- Du kannst den ausgeschnittenen Teil als Zeichenvorlage verwenden, aber auch Neues erfinden.

Manfred Kiesel: Zwischenaufgaben für den Kunstunterricht 9/10
© Auer Verlag – AAP Lehrerfachverlage GmbH, Donauwörth

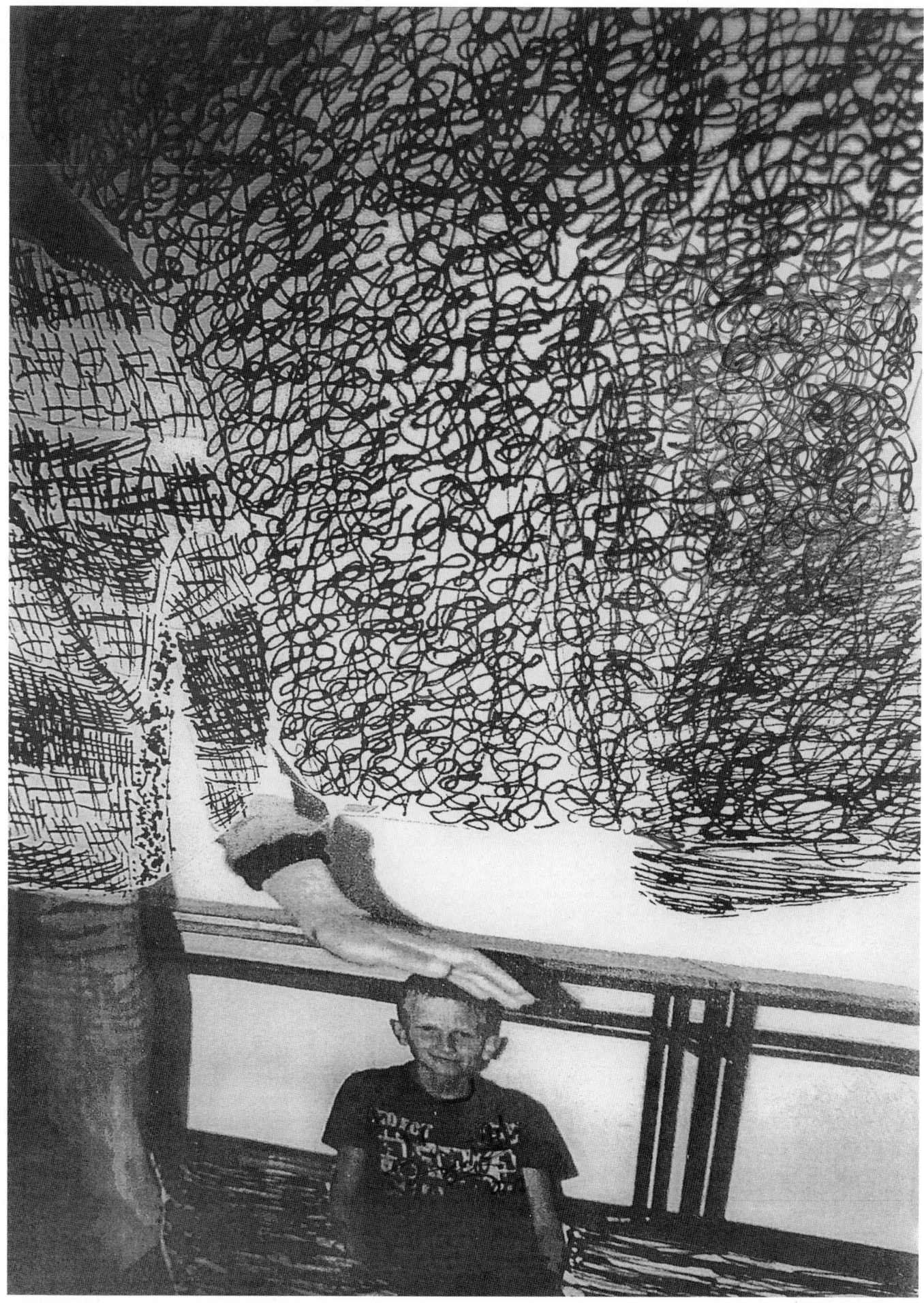

Schülerarbeit

Winterbaum
farbig verändert

Material

✎ DIN-A4-Abbildung eines kahlen Winterbaumes oder Kopiervorlage
✎ farbige Papiere, Locher, eventuell Motivlocher und andere Farbmaterialien, Klebstoff

Ein kahler Winterbaum soll mit farbigen Materialien verändert werden.
Das kann zum Beispiel mit dem Locher und Farbpapierresten selbst hergestelltes Konfetti sein, es können aber auch mit sogenannten Motivlochern farbige Figuren ausgestanzt und aufgeklebt werden.
Auch farbige Luftschlangen und anderes Dekomaterial können in Stücke geschnitten oder gerissen und aufgeklebt werden.

Verfahren / Technik

Ausgestalten und Verändern einer Abbildung eines kahlen Winterbaumes durch Aufkleben von farbigen Materialien.

- Verändere den kahlen Winterbaum mit farbigen Materialien. Du kannst dich dabei von der herbstlichen Jahreszeit mit bunten Blättern oder von dem bunten Faschings- und Karnevalstrubel inspirieren lassen.
- Stelle selbst Konfetti oder andere farbige Materialien her. Dabei kannst du Locher benutzen, farbige Teile ausschneiden oder ausreißen.
- Klebe die Teile sorgfältig in dein Bild.

Manfred Kiesel: Zwischenaufgaben für den Kunstunterricht 9/10
© Auer Verlag – AAP Lehrerfachverlage GmbH, Donauwörth

Kopiervorlage

Fantasiefiguren aus Rotkrautteilen

Material

- Kopiervorlage
- Bleistift, Radiergummi
- schwarzer Fineliner und / oder Filzstift, Holzfarbstift, eventuell auch Farbstifte

Die Natur als Künstlerin? Aufgeschnittene Rotkrautköpfe bieten immer wieder überraschende und faszinierende Einblicke in das Innere eines natürlichen Aufbaus einer inneren Ordnung. Ausgehend von Bildausschnitten sollen tier- und menschenähnliche Fantasiewesen, Außerirdische, Aliens oder wie man sie auch immer bezeichnen möchte, entwickelt werden. H. R. Giger, ein Künstler aus der Schweiz, hat eine Vielzahl solcher fantastischer Figuren erfunden, die auch für Science-Fiction-Filme genutzt wurden.

Verfahren / Technik

Ergänzen der Kopiervorlage durch Weiterführen und Verändern vorgegebener Strukturen. Entwickeln fantastischer Wesen aus Bildfragmenten.

- Schaue dir die Bildteile genau an und überlege dir, wie du daraus fantastische Wesen entwickeln könntest.
- Skizziere deine Ideen zunächst mit Bleistift. Wo könnten der Kopf oder die Augen sitzen, wo Gliedmaßen, wo einzelne Körperteile?
- Ergänze die Bildvorlage dann nach außen und stellenweise auch nach innen.
- Verwende für die Ergänzung möglichst geschwungene Linien, wie sie auch der Krautkopf aufweist, so entsteht kein Bruch zwischen Vorlage und Ergänzung.
- Eventuell kannst du eine oder mehrere Figuren farbig ausgestalten.

Manfred Kiesel: Zwischenaufgaben für den Kunstunterricht 9/10
© Auer Verlag – AAP Lehrerfachverlag GmbH, Donauwörth

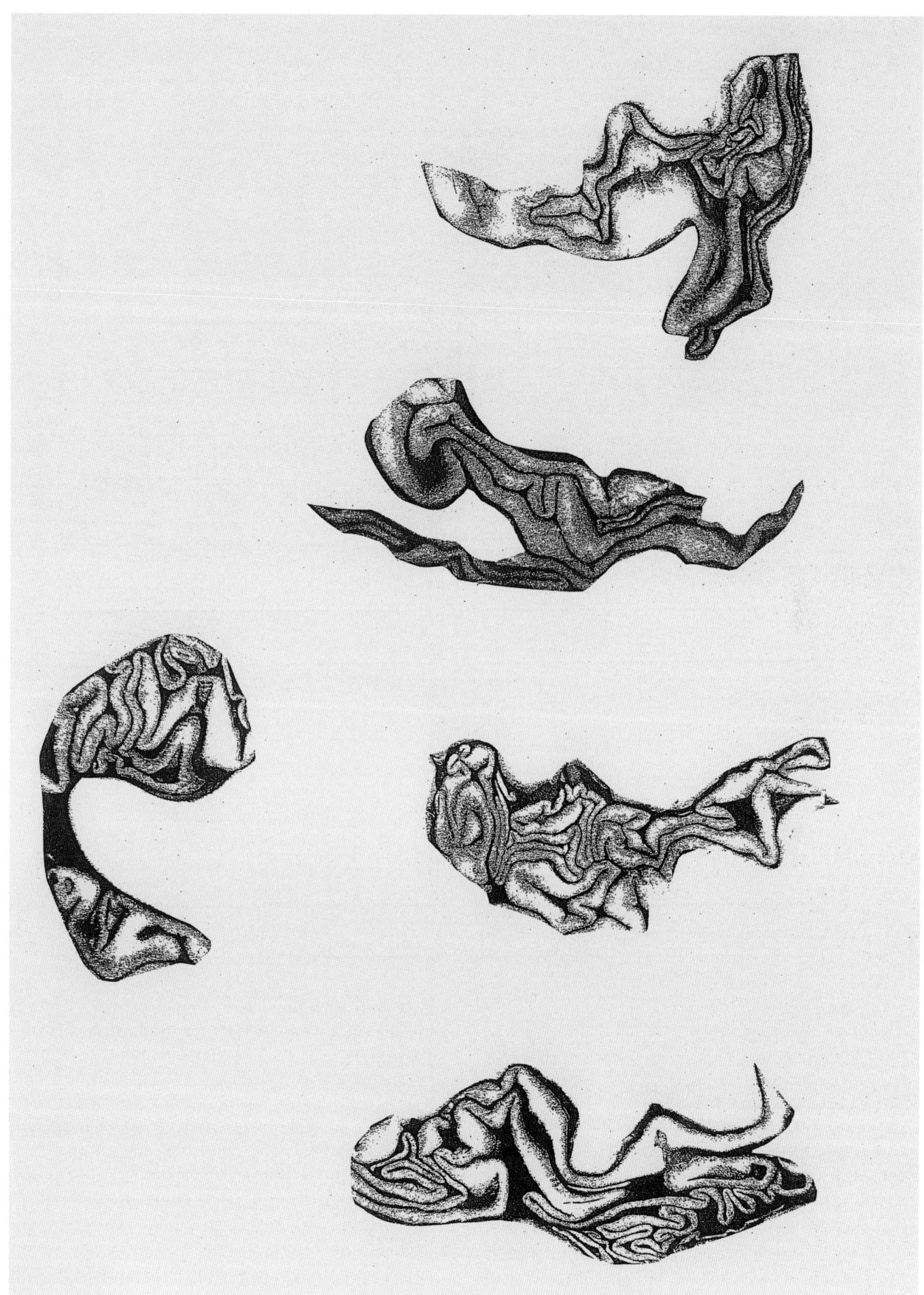

Kopiervorlage

Symmetrische Muster und Motive

Material

- Kopiervorlage
- Bleistift, Radiergummi
- schwarzer Fineliner, Lineal oder Geodreieck, eventuell Farbstifte

Bei dieser Arbeit geht es darum, ein symmetrisches Muster oder ein symmetrisches Motiv zu (er)finden.
Zur Orientierung sind drei Beispiele mit unterschiedlichen Schwierigkeitsgraden vorgegeben. Die Motive werden von der Bildmitte aus nach links und rechts entwickelt. Ist die Skizze fertig, werden die Linien mit schwarzem Fineliner gezogen.

Verfahren / Technik

Entwerfen und Herstellen eines symmetrischen Musters oder eines Bildmotivs bei vorgegebener Spiegelachse.

- Entwirf zunächst mit Bleistift ein symmetrisches Muster oder auch ein symmetrisches Bildmotiv.
- Beachte die Trennlinie, beginne in der Bildmitte und zeichne dann mit schwarzem Fineliner.
- Du kannst gerade und geschwungene Linien verwenden und frei Hand und / oder mit Lineal zeichnen.
- Falls du Zeit hast, kannst du einzelne Bildteile oder das gesamte Bild farbig ausgestalten.

Manfred Kiesel: Zwischenaufgaben für den Kunstunterricht 9/10
© Auer Verlag – AAP Lehrerfachverlage GmbH, Donauwörth

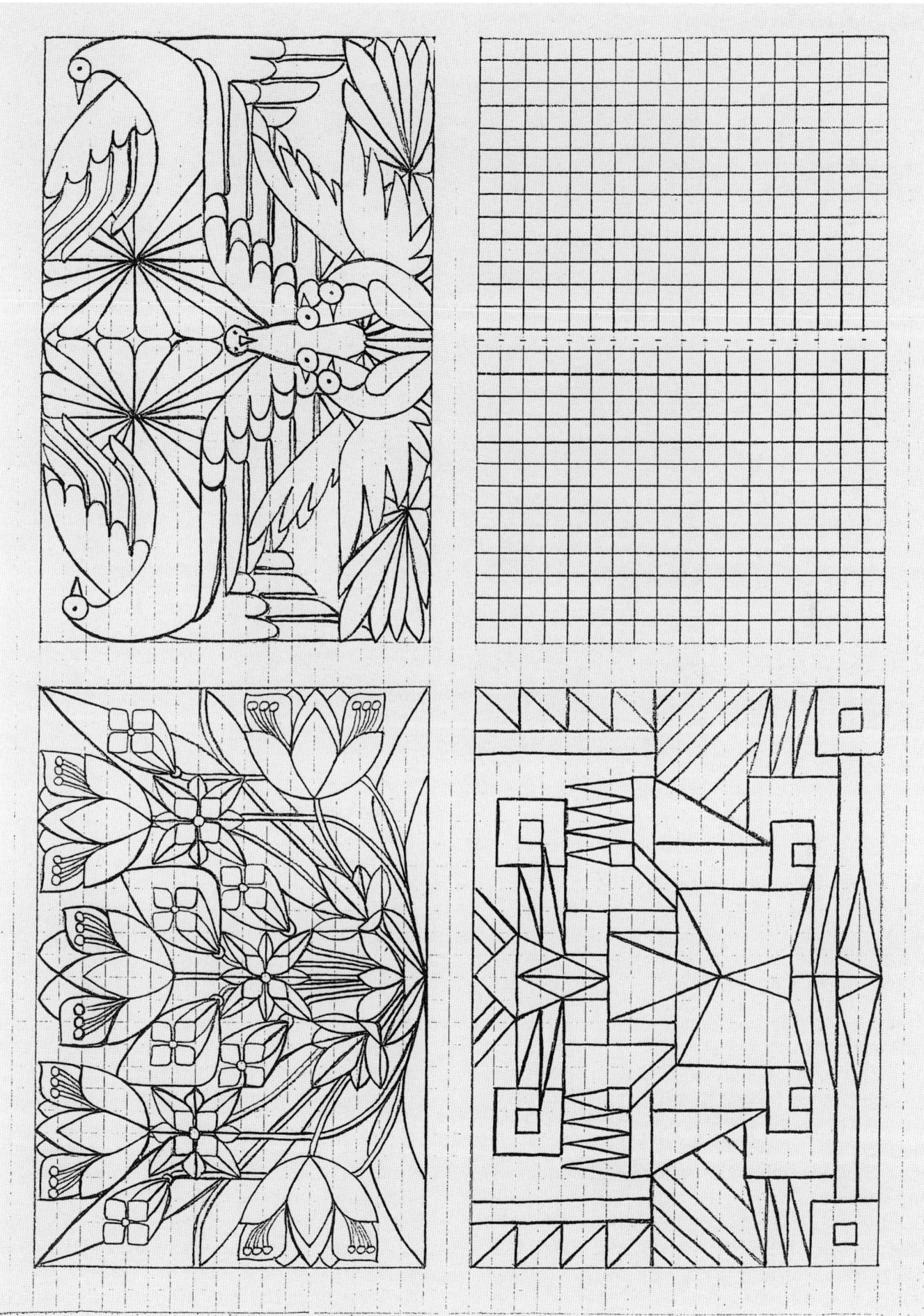

Manfred Kiesel: Zwischenaufgaben für den Kunstunterricht 9/10
© Auer Verlag – AAP Lehrerfachverlage GmbH, Donauwörth

Kopiervorlage

Zahlenmalereien

Material

- Kopiervorlage
- für DIN-A4-Kopie: Holzfarbstifte
- eventuell auch farbige Filzstifte, Textmarker, Wasserfarben, kleiner Borstenpinsel
- Für DIN-A3-Kopie: Wasserfarben, Deckweiß, mittlerer Borstenpinsel

Zahlen waren öfter Ausgangspunkte und Motive für Malereien von Jasper Johns.

Die Kopie zeigt, wie in einer grafischen Umsetzung die Ziffern 0 bis 9 in vielen Bereichen mehrfach überschneidend übereinander gezeichnet wurden.

Die Schüler können sich für eine Zahl entscheiden und diese dann malerisch umsetzen.

Es ergeben sich vielfältige Gestaltungsmöglichkeiten in der Beziehung von Zahl und deren Hintergrund. So kann sich die Zahl gut von der Umgebung abheben (ins Auge stechen) oder sich sozusagen in der Umgebung verstecken, also kaum auffallen.

Verfahren / Technik

Zeichnen und / oder Malen einer Zahl nach Vorlage.

Ausmalen von selbst gewählten Teilflächen mit möglichst bunten Farbkombinationen in einer bestimmten Wirkungsabsicht.

- Schaue dir die Zahlen genau an und versuche, die Umrisslinien der Zahlen zu finden. Fülle dann die Zahlen mit heller Farbe aus
- Entscheide dich für eine Zahl und umfahre deren Umriss mit einem Farbstift.
- Überlege dir, ob deine Zahl gut sichtbar ins Auge sticht oder ob die Zahl in ihrer Umgebung kaum zu erkennen ist.
- Zeichne und / oder male nach und nach die gewählte Zahl und deren Umgebung deckend an.
- Du kannst für die Zahl und die Umgebung gleiche, aber auch verschiedene Farbtöne benutzen. Man darf noch einzelne Farbstriche erkennen

Manfred Kiesel: Zwischenaufgaben für den Kunstunterricht 9/10
© Auer Verlag – AAP Lehrerfachverlage GmbH, Donauwörth

Kopiervorlage

Cool and hot – Wärmemalerei

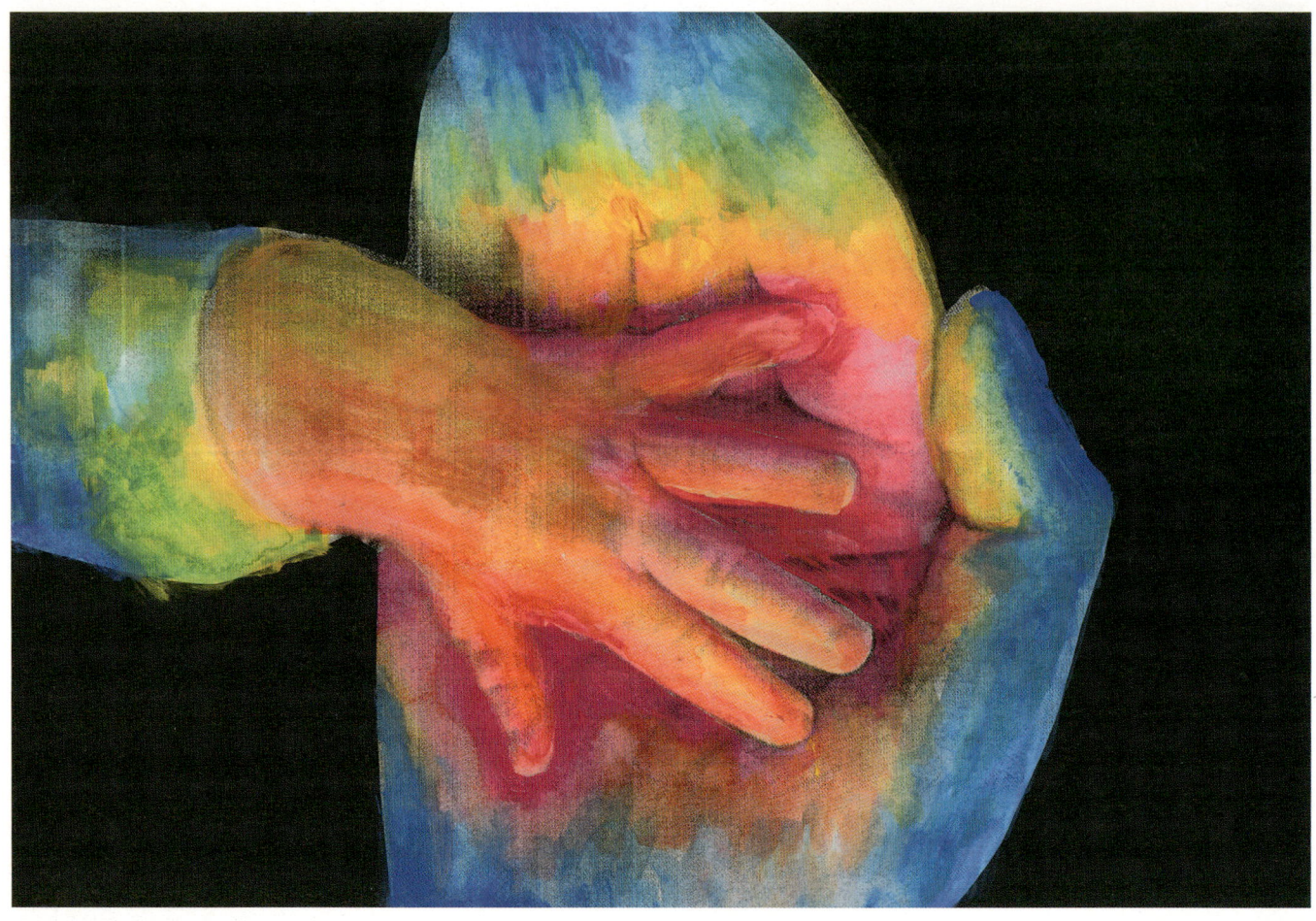

Material

✐ Kopiervorlage, DIN A4
✐ bunte, intensiv leuchtende Holzfarbstifte, eventuell auch farbige Filzstifte, Textmarker, Wasserfarben, farbige Tuschen und Tinten, kleiner Borstenpinsel

Die Aufgabe erinnert etwas an Bilder, die mit einer Wärmebildkamera aufgenommen wurden. Mit einer Wärmebildkamera kann man Dinge etwas anders fotografieren, als das mit einer normalen Kamera der Fall ist.

Man sieht auf den meist farbigen Bildern, sogenannten Falschfarbenbildern, wo heiße, warme, lauwarme, kühle und kalte Stellen sind.

Oft wird die hellste Stelle, das heißt der wärmste Teil des Bildes, weiß dargestellt, die Zwischentemperaturen in Gelb-, Orange- und Rottönen und die kalten Teile des Bildes in Blau- und Grüntönen bis hin zu Violett.

Verfahren / Technik

Bemalen eines Motivs nach „gefühlten" beziehungsweise „erahnten" Wärme- und damit Farbverhältnissen mit entsprechenden Farbverteilungen.

- Überlege dir, wo in der Bildvorlage sehr warme und wo eher kältere Temperaturen vorherrschen könnten.
- Zeichne mit einem gelben Farbstift fantasievolle, aber einfach auszumalende Farbwärmefelder ein.
- Male dann die Felder mit deinen Wärmefarben aus. Beginne mit dem leuchtenden Gelb.
- Male dann die warmen Stellen weiter mit Orange und Rot an.
- Für die kälteren Teile verwendest du Blau, Hellgrün und Violett.
- Die Farben können stellenweise leicht wässrig sein und auch stellenweise ineinanderlaufen und sich vermischen.

Manfred Kiesel: Zwischenaufgaben für den Kunstunterricht 9/10
© Auer Verlag – AAP Lehrerfachverlage GmbH, Donauwörth

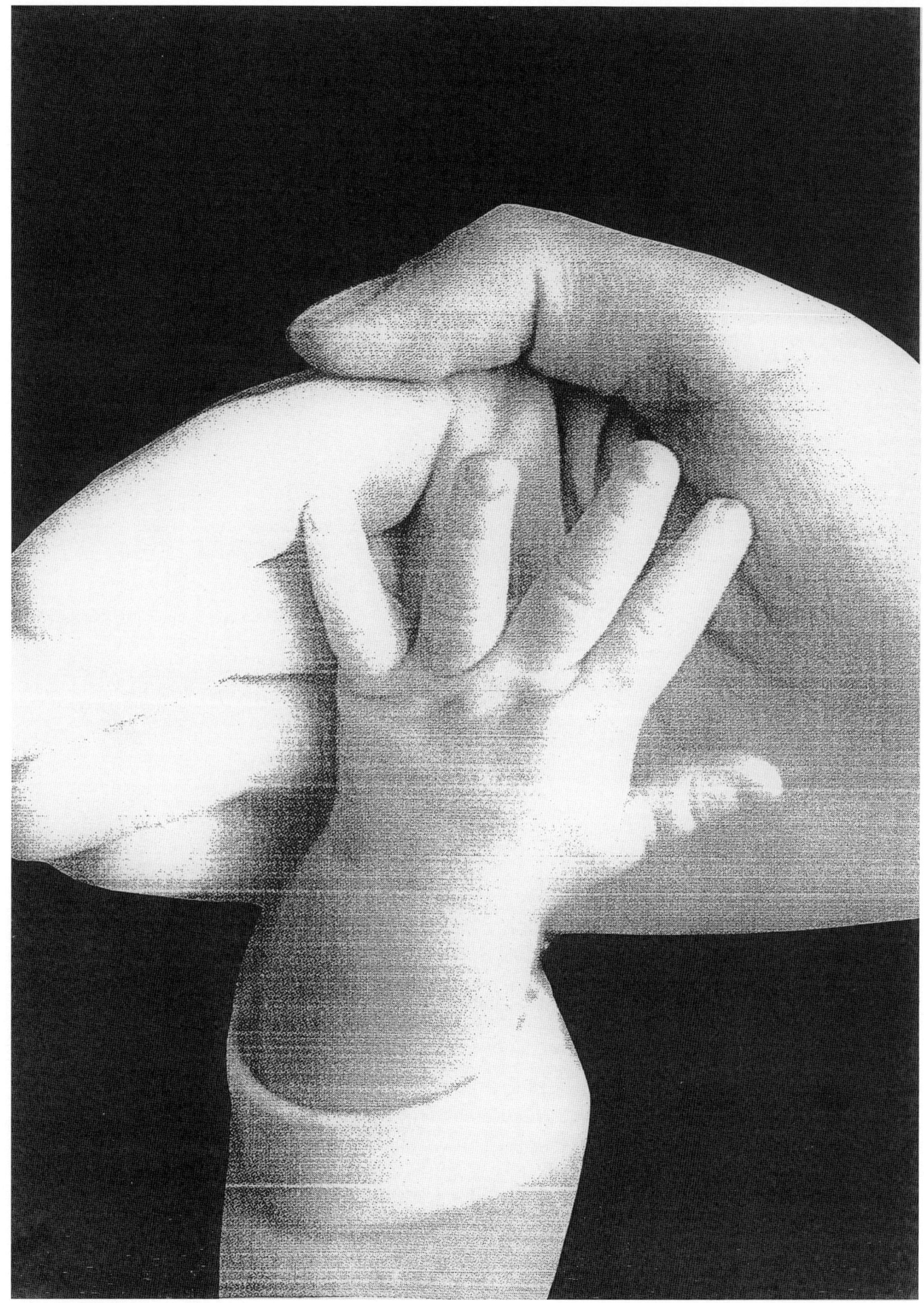

Kopiervorlage

Farbstriche machen die Baustelle bunter

Material

- Kopiervorlage DIN A4
- Holzfarbstifte, farbige Filzstifte, farbige Fineliner, eventuell Lineal oder Geodreieck

Die vergrößerte Schwarz-Weiß-Abbildung eines Geldscheinausschnitts zeigt den Bau einer Brücke. Symbolisch könnte das den Bau der Brücke, die Europa zusammenführt, verbunden mit der Einführung einer gemeinsamen Währung bedeuten.

Am Bau der eher traditionellen Brücke sind einige Arbeiter, Kräne, Container, diverse Baumaschinen und sogar ein Hubschrauber beteiligt.

Verfahren / Technik

Farbige Ausgestaltung von Teilen der Vorlage durch Übernahme vorgegebener Strukturen frei Hand und mit Hilfsmitteln.

- Überlege dir, welche Bildteile du farbig ausgestalten möchtest.
- Orientiere dich bei der Ausgestaltung an den vorgegebenen Linien, Liniengefügen und Formen.
- Führe kurze Striche und kleine Formen frei Hand aus, für längere Linien kannst du ein Geodreieck benutzen.
- Benutze Holzfarbstifte, farbige Fineliner oder Filzstifte.

Manfred Kiesel: Zwischenaufgaben für den Kunstunterricht 9/10
© Auer Verlag – AAP Lehrerfachverlage GmbH, Donauwörth

Kopiervorlage

Transparente Fantasieinsekten

Material

- schwarzes oder dunkelfarbiges Tonpapier DIN A4
- weiße, gelbe oder eventuell auch andere helle Transparentpapiere (Drachenbaupapiere)
- Schere, Klebstoff
- eventuell schwarzer Filzstift, weißer Stift oder Korrekturstift, Kopiervorlage eines Insekts

Bei dieser Arbeit wird nicht die genaue Abbildung eines Insekts angestrebt, sondern die fantasievolle Zusammensetzung vieler kleinteiliger Transparentpapierformen zu einem insektenähnlichen Gebilde.

Durch das Aufkleben der Transparentpapierteile auf dunklem Bildgrund entstehen unterschiedliche Farbschattierungen, die durch vielfältige Überschneidungen noch gesteigert werden.

Als Ideengeber oder Vorlage könnte ein ausgeschnittener Teil einer Kopiervorlage eines Insekts eingesetzt werden, es könnte auch mit einem weißen Korrekturstift zunächst eine Grobstruktur des Insekts „vorgezeichnet" werden.

Abschließend können mit schwarzem Filzstift Muster oder Strukturen aufgezeichnet werden

Verfahren / Technik

Herstellen einer durchscheinenden Fantasiefigur durch Aufkleben weitgehend kleinteiliger Transparentpapierzuschnitte.

Dabei können zusätzlich Vor- und / oder Nacharbeiten eingesetzt werden.

- Schneide aus weißem oder gelbem Transparentpapier schnell und spontan einige Teile aus. Es können runde und spitze, schmale oder breite Teile sein.
- Eventuell kannst du zur Orientierung mit weißem Stift eine Grobstruktur des Fantasieinsekts aufzeichnen oder eine ausgeschnittene Kopiervorlage verwenden.
- Klebe nun nach und nach die einzelnen Papierteile mit Klebstoff auf und entwickle so deine Figur. Du wirst sehen, dass durch den Klebstoff ganz unterschiedliche Farbstrukturierungen entstehen.
- Vielleicht musst du noch einige spezielle Papierteile zuschneiden und aufkleben, um die Insektenfigur zu verdeutlichen. Die Figur sollte möglichst groß dargestellt werden.
- Eventuell kannst du nach Fertigstellung der Figur mit schwarzem Filzstift oder Permanentstift vorsichtig dünne Liniengefüge, Muster und Strukturen auf dein Fantasieinsekt zeichnen.

Manfred Kiesel: Zwischenaufgaben für den Kunstunterricht 9/10
© Auer Verlag – AAP Lehrerfachverlage GmbH, Donauwörth

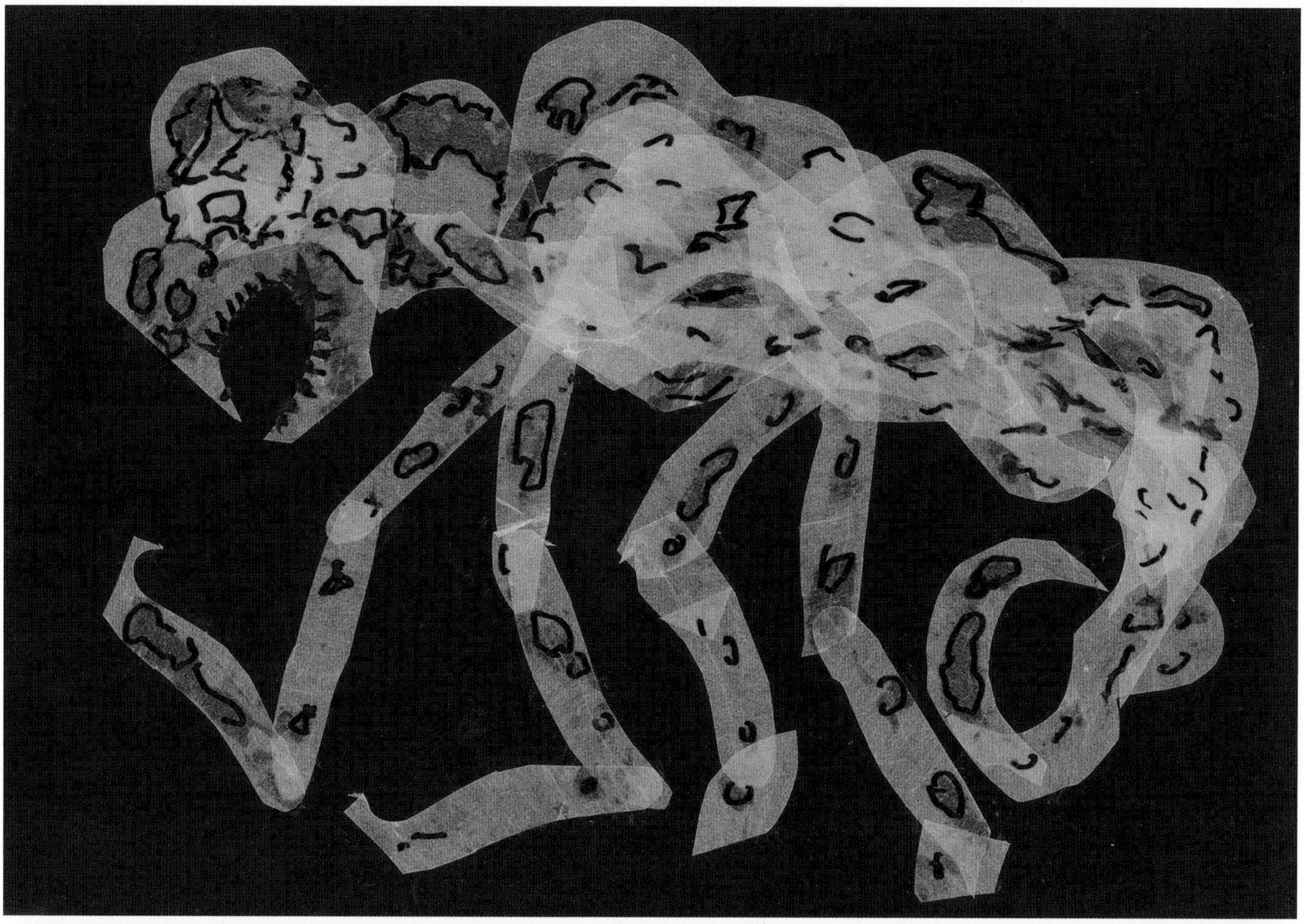

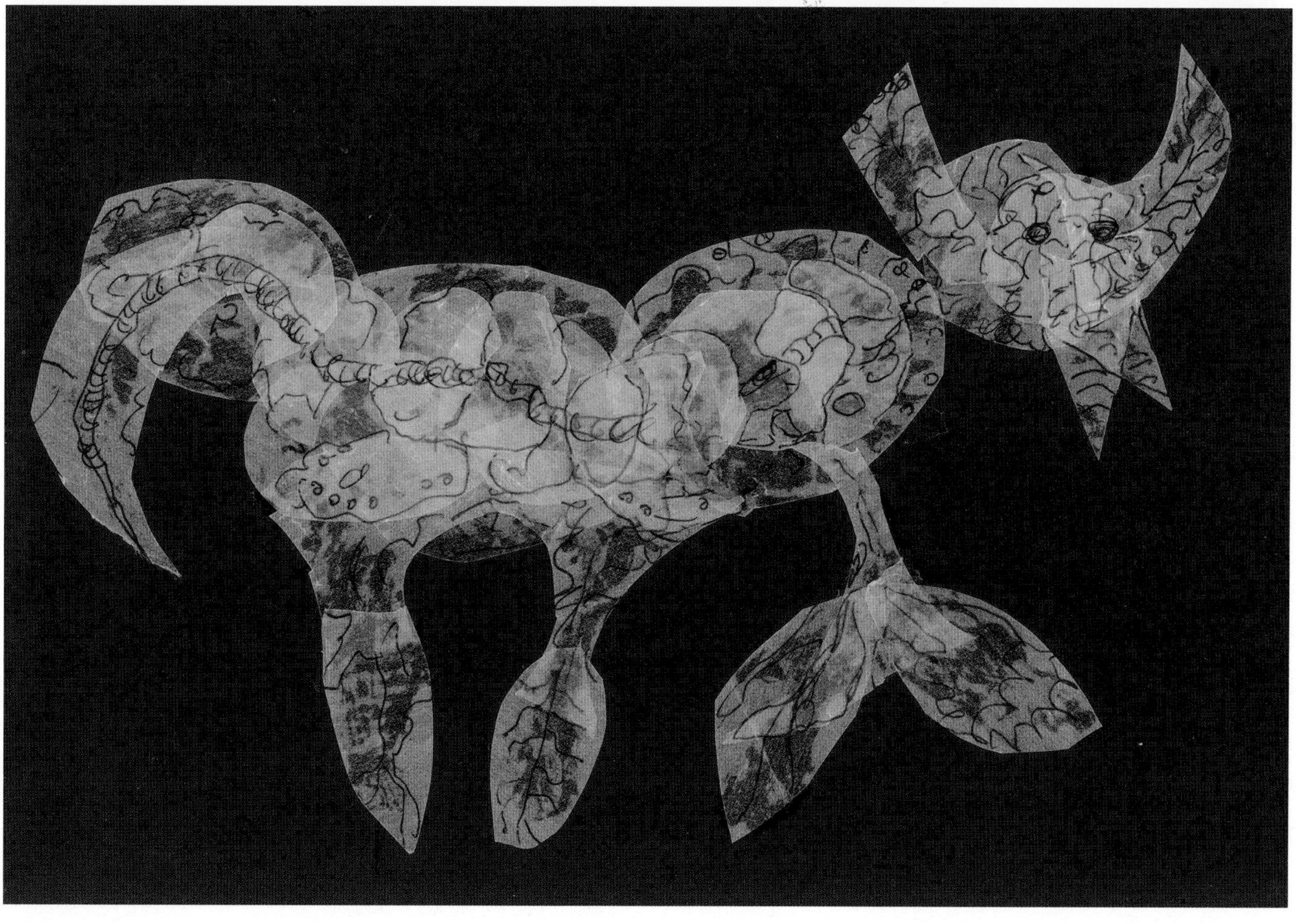

Manfred Kiesel: Zwischenaufgaben für den Kunstunterricht 9/10
© Auer Verlag – AAP Lehrerfachverlage GmbH, Donauwörth

Schülerarbeiten

Entwürfe für bunte Tierdesigns

Material

✎ Kopiervorlage
✎ Holzfarbstifte, farbige Fineliner / Filzstifte, Textmarker
✎ eventuell Lineal oder Geodreieck, Schablonen

Man kann sie in den letzten Jahren sehr oft entdecken: Tierplastiken, meist Kühe, Schweine, Pferde oder Bären, werden in Städten aufgestellt. Sie sind jedoch nicht in ihren natürlichen Farben dargestellt, sondern meist bunt und knallig angemalt.

Oft werden solche Tierplastiken auch direkt von Künstlern oder Designern gestaltet oder indirekt im Stile von bekannten Künstlern bemalt.

Diese Tierplastiken gibt es nicht nur fast lebensgroß, sondern auch in Miniformaten für das Wohnzimmer.

Es geht bei der Aufgabe darum, für die vorgegebenen Tiere möglichst verschiedene bunte Muster und Formen zu finden, um sie dekorativ aussehen zu lassen.

Verfahren / Technik

Entwerfen und korrekte Ausführung von dekorativen Mustern, Formen und Strukturen für die vorgegebenen Tierabbildungen.

- Überlege dir, welche Muster, Formen, Figuren, Linien oder Zeichen und Motive du für die Tierfiguren entwickeln könntest.
- Du kannst dir auch Anregungen in Umwelt, Kunst und Medien holen.
- Entwirf dann für jede Tierfigur ein eigenes dekoratives Design.
- Eventuell kannst du für ein oder zwei Tiere auch eine Formen- oder Figurenschablone oder ein Geodreieck für gerade Linien einsetzen.
- Du kannst zunächst nur die Umrisse der Binnenflächen mit Fineliner einzeichnen.
- Kleine Flächen kannst du abschließend mit Filzstift oder Textmarkern, etwas größere Flächen mit Holzfarbstiften ausmalen.

Manfred Kiesel: Zwischenaufgaben für den Kunstunterricht 9/10
© Auer Verlag – AAP Lehrerfachverlage GmbH, Donauwörth

Kopiervorlage

Künstlich gefilzte Tennisbälle

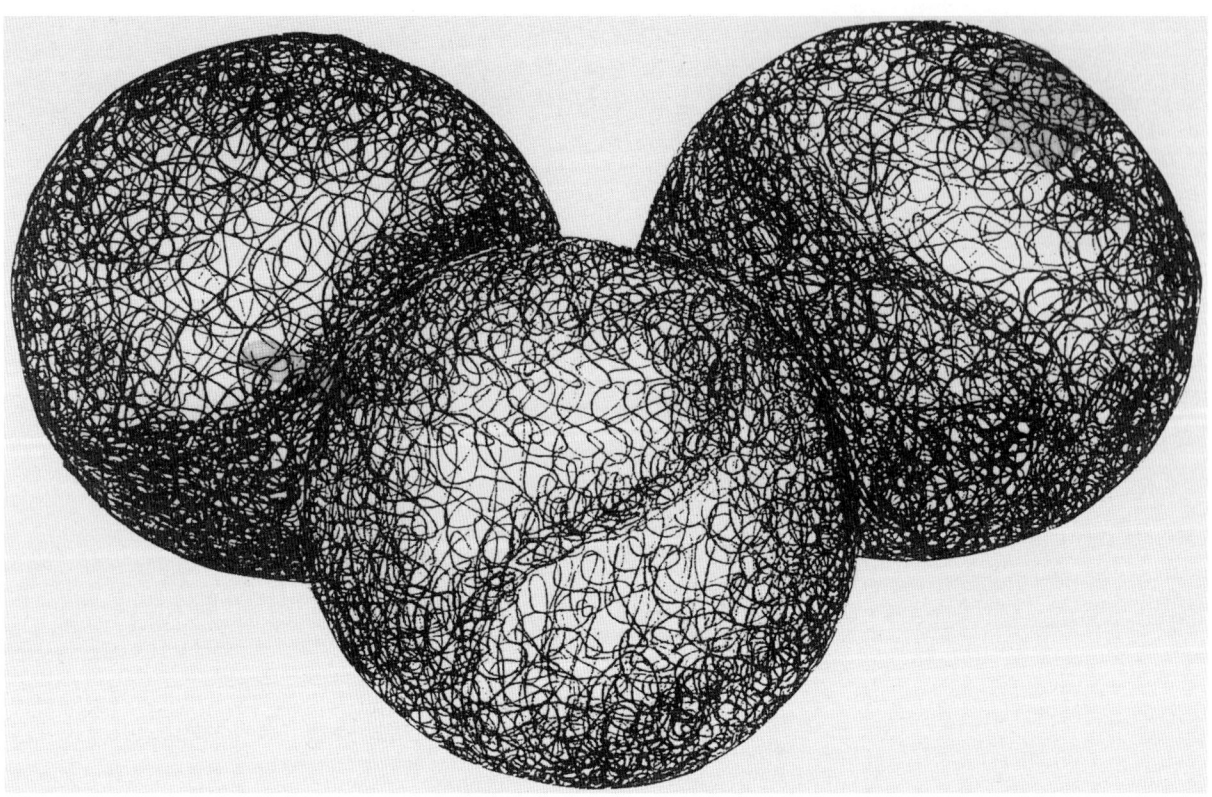

Material

✎ Kopiervorlage
✎ schwarzer Fineliner, einfache Kreisschablonen, wie z. B. Becher, Deckel, Verschlüsse, Pappröhrenabschnitte

Unter künstlich gefilzten Tennisbällen ist die gestalterische Umsetzung einer Filzstruktur mit grafischen Mitteln gemeint.

Diese grafischen Mittel sind zum Beispiel aneinandergereihte kleine und größere kreisförmige Bewegungen, die aneinandergesetzten Buchstaben e, l oder o wie in der lateinischen Ausgangsschrift sowie zusammengesetzte Achter oder S-Formen.

Diese werden in selbst gezeichneten Kreisen gezielt zur Oberflächenstrukturierung eingesetzt.

Der Lichteinfall kommt von vorne, also ist die Filzkugel an den Rändern eher dunkel und wird zum Mittelpunkt hin stetig heller.

Verfahren / Technik

Zeichnerisches Weiterführen und Ergänzen der Vorlage. Mit den genannten grafischen Strukturen entsteht ein filzähnlicher Eindruck, durch die Hell-dunkel-Modellierung die Körper- bzw. Raumillusion.

• Schau dir die „Filzkugeln" an und erprobe verschiedene zeichnerische Verfilzungen, z. B. mit Schreibschrift e, l, o, Achter-, S- oder anderen Formen.
• Verwende Kreisschablonen und einen schwarzen Fineliner für Umrisszeichnungen und Strukturen.
• Zeichne zuerst zwei bis drei Kreisflächen ein, die sich teilweise überschneiden.
• Filze dann die „Kugeln" zu. An den Rändern sind die Strukturen dicht und dunkel, zur Mitte hin werden sie immer heller. Das erzeugt einen körperhaft-räumlichen Eindruck.

Manfred Kiesel: Zwischenaufgaben für den Kunstunterricht 9/10
© Auer Verlag – AAP Lehrerfachverlage GmbH, Donauwörth

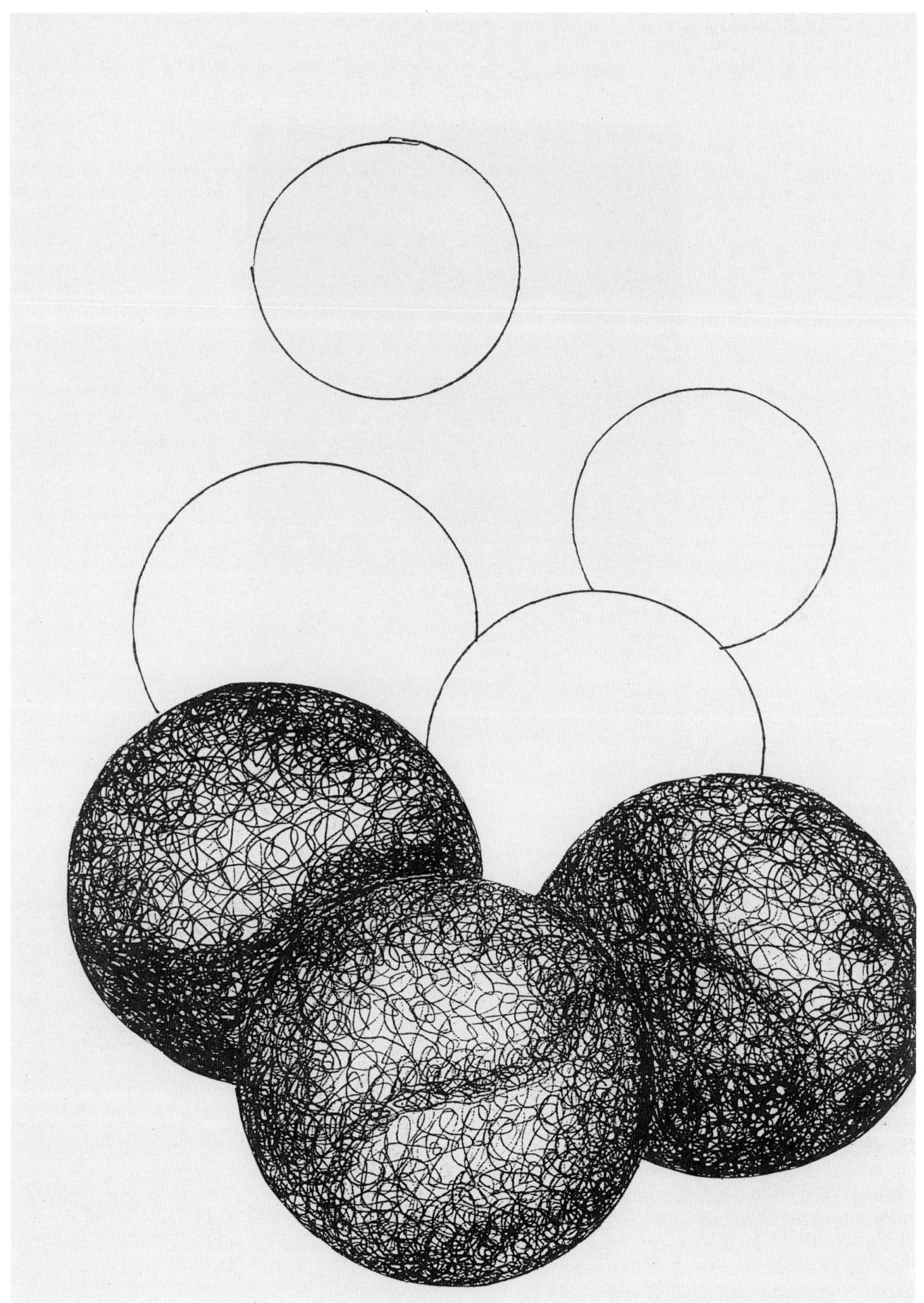

Kopiervorlage

Typisch Mädchen?
Typisch Junge?

Material

✎ Kopiervorlage
✎ Bleistift, Holzfarbstifte und / oder Filzstifte, kleine Bilder oder Bildausschnitte, (aus Prospekten, Illustrierten usw.) Schere, Klebstoff, Wasserfarben, kleiner Borstenpinsel

Gibt es wirklich mädchen- oder jungentypische Verhaltensweisen, typische Gestik, Mimik, typische Vorlieben, typische Attribute, typische Wünsche und Vorstellungen?
Das Bild zeigt zwei Mädchen und zwei Jungen. Was machen sie? Wie verhalten sie sich? Was könnten sie denken, was sagen?
Die Ideen können durch Zeichnen, Malen, Collagieren sowie durch Kombinationen verschiedener Techniken visualisiert werden.
Es kann eine witzige, aber auch eine nachdenkliche Situation entstehen. Die Umgebung kann in die Gestaltung einbezogen werden.

Verfahren / Technik

Zeichnen und / oder Malen und / oder Kleben von Bildern in und um die Mädchen und Jungen. Die Kombination verschiedener Techniken ist möglich.

- Für diese Arbeit kannst du Farbstifte, ausgeschnittene Bildteile und auch Wasserfarben verwenden.
- Überlege dir typische Mädchen- und Jungensituationen und mache deine gemeinte Situation sichtbar. Das Sichtbarmachen kann durch Sprech- und Denkblasen, durch Farben und Farbkombinationen, aber auch durch Zeichnungen, Schrift und eingefügte Bildteile geschehen.
- Größere Freiflächen malst du mit Wasserfarben durchscheinend oder stellenweise auch deckend an.
- Du kannst auch ganze Figuren oder Figurenteile weiß lassen, überkleben oder übermalen.

Manfred Kiesel: Zwischenaufgaben für den Kunstunterricht 9/10
© Auer Verlag – AAP Lehrerfachverlage GmbH, Donauwörth

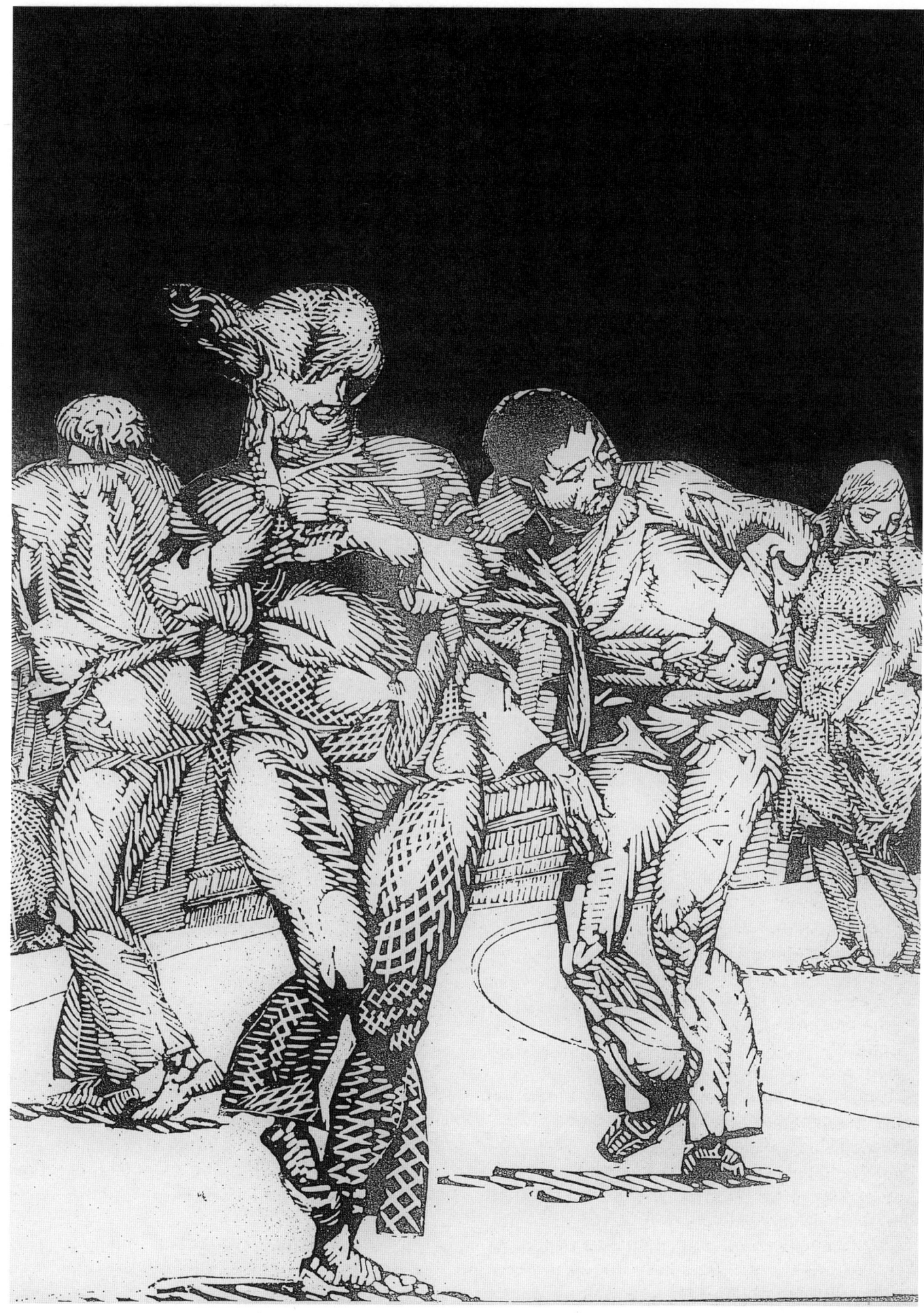

Kopiervorlage

Immer mehr Skifahrer

Material

✎ Kopiervorlage
✎ eventuell Bleistift, Radiergummi
✎ schwarzer Filzstift/Fineliner, eventuell auch Holzfarbstift, Füller oder Kugelschreiber

Bei dieser Arbeit geht es darum, immer mehr Skifahrer in das vorgegebene Bild zu zeichnen. Dabei sollen viele Menschen in Aktion, also Ski fahrende Menschen gezeichnet werden.
Wie im richtigen Leben können aber auch stürzende, stehende und gefallene Menschen dargestellt werden.
Die Vorlage hilft den Schülern, sich zu orientieren, die eine oder andere Haltung und Bewegung nachzuahmen, aber auch neue Bewegungsformen beziehungsweise Körperhaltungen darzustellen. Die Skier selbst können, müssen aber nicht (oder nur ansatzweise) gezeichnet werden.

Verfahren/Technik

Zeichnerisches Ergänzen einer Vorlage mit Menschen, die ganz unterschiedliche Skifahrerhaltungen einnehmen.

• Zeichne in die Vorlage möglichst viele Skifahrer mit unterschiedlichen Körperhaltungen ein.
• Die hinteren sind klein, die vorderen größer.
• Du kannst dich bei den Menschendarstellungen an den Bildern orientieren. Unterscheide möglichst Ober- und Unterarme, Ober- und Unterschenkel.
• Zeichne erst einige Skifahrer ab, anschließend kannst du eigene Figuren mit speziellen Körperhaltungen zeichnen.
• Du kannst, musst aber nicht unbedingt, die gesamten Skier einzeichnen.

Manfred Kiesel: Zwischenaufgaben für den Kunstunterricht 9/10
© Auer Verlag – AAP Lehrerfachverlage GmbH, Donauwörth

Kopiervorlage

Wirklich
zum Einschlafen?

Material

🖋 Kopiervorlage
🖋 Bleistift, Holzfarbstifte und/oder Filzstifte, kleine Bilder oder Bildausschnitte (aus Prospekten, Illustrierten usw.), Schere, Klebstoff, Wasserfarben, kleiner Borstenpinsel
🖋 alternativ: Lineal und Cutter

Liegt es an dem Bild oder nicht?
Ist das Bild, das offensichtlich in einem Museum hängt, wirklich zum Einschlafen oder ist der Betrachter nur müde?
Gibt es Bilder, die müde machen, und Bilder, die aufregen und wach machen?
Liegt das dann eher am Motiv, also an dem, was abgebildet ist, oder an den Farben und Formen?
Die Ideen können durch Zeichnen, Malen, Collagieren sowie durch Kombinationen verschiedener Techniken visualisiert werden.
Es kann eine witzige, aber auch eine nachdenkliche Situation entstehen. Die Umgebung soll in die Gestaltung einbezogen werden.

Verfahren / Technik

Zeichnen und/oder Malen und/oder Kleben von Bildern in bzw. hinter den Rahmen. Die Kombination verschiedener Techniken ist möglich.

• Für diese Arbeit kannst du Farbstifte, ausgeschnittene Bildteile und auch Wasserfarben verwenden.
• Überlege dir sehr langweilige, sehr witzige und sehr aufregende Situationen und entscheide dich für eine Situation.
• Setze dann die Situation in einer von dir gewählten bildnerischen Technik innerhalb des weißen Rahmens um.
• Du kannst auch mit dem Cutter die weiße Bildfläche exakt ausschneiden und ein selbst hergestelltes oder ein vorgefundenes Bild hinter den Rahmen kleben.
• Die Umgebung des Bildes und die Person malst du mit Wasserfarben und Holzfarbstiften möglichst durchscheinend an.

Manfred Kiesel: Zwischenaufgaben für den Kunstunterricht 9/10
© Auer Verlag – AAP Lehrerfachverlage GmbH, Donauwörth

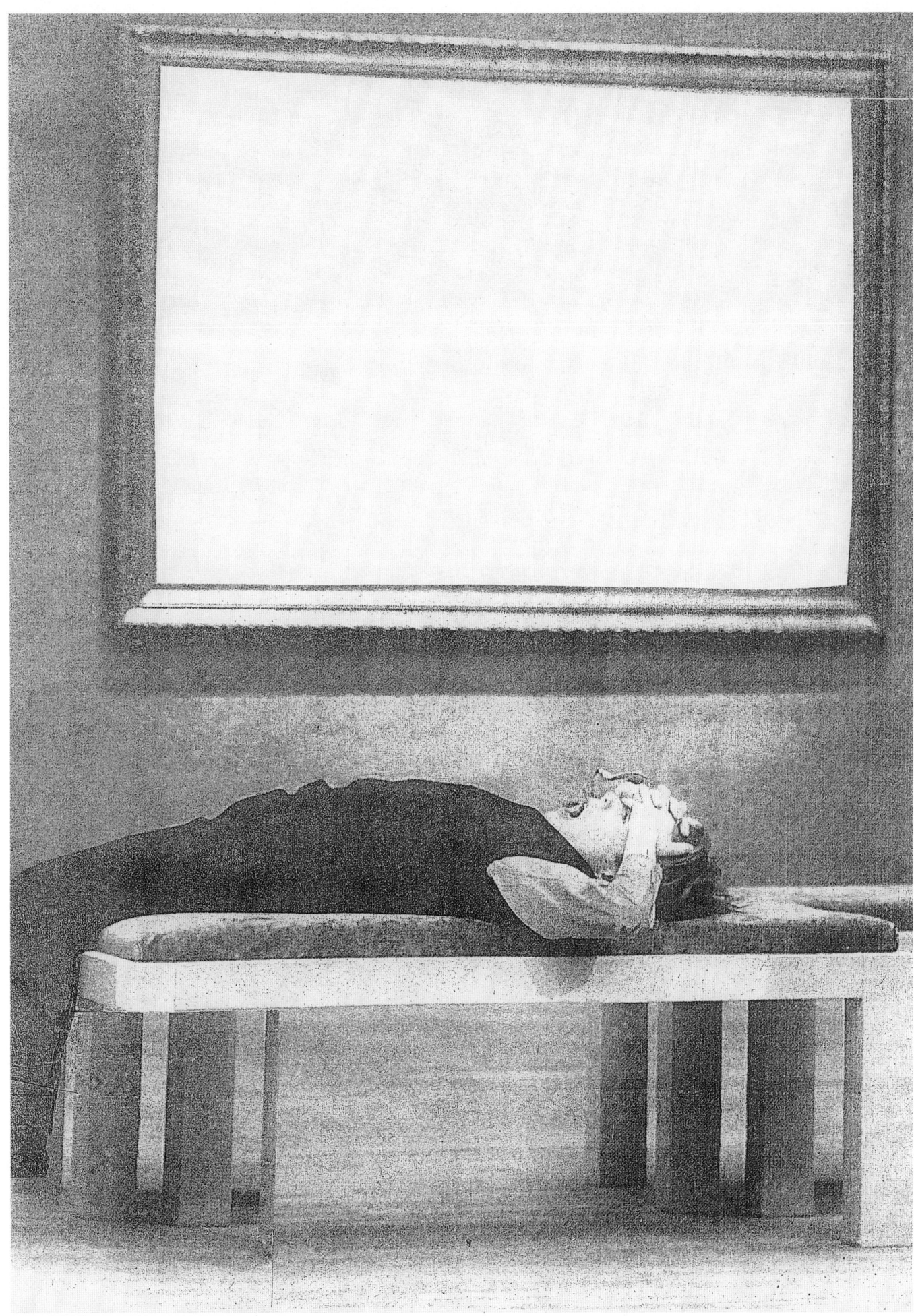

Kopiervorlage